新丝路"中文＋职业技能"系列教材编写委员会
（中文＋机电一体化）

总策划：马箭飞　谢永华

策　划：宋永波　孙雁飞

顾　问：朱志平（北京师范大学）

　　　　林秀琴（首都师范大学）

　　　　宋继华（北京师范大学）

总主编：谢永华　杜曾慧

语言类主编：严　峻

专业类主编：芮红艳

语言类副主编：陆　杨　余　音

专业类副主编：杨诗辰　张霖霖　陈　涛

项目组长：郭风岚

项目副组长：付彦白

项目成员：郭　冰　武传霞　赫　栗　张　彪

新丝路"中文+职业技 能"系列教材

New Silk Road "Chinese + Vocational Skills" Series

中文+机电一体化

Chinese + Mechatronics

高级 Advanced

新丝路"中文+职业技能"系列教材编写委员会　编

北京语言大学出版社

BEIJING LANGUAGE AND CULTURE
UNIVERSITY PRESS

© 2024 北京语言大学出版社，社图号 23281

图书在版编目（CIP）数据

中文＋机电一体化．高级 ／ 新丝路"中文＋职业技能"系列教材编写委员会编．-- 北京 ：北京语言大学出版社，2024.4
新丝路"中文＋职业技能"系列教材
ISBN 978-7-5619-6494-1

Ⅰ.①中… Ⅱ.①新… Ⅲ.①汉语－对外汉语教学－教材 ②机电一体化－教材 Ⅳ.① H195.4 ② TH-39

中国国家版本馆 CIP 数据核字（2024）第 038286 号

中文＋机电一体化（高级）
ZHONGWEN + JIDIAN YITIHUA (GAOJI)

排版制作：北京创艺涵文化发展有限公司
责任印制：周 燚

出版发行：北京语言大学出版社
社　　　址：北京市海淀区学院路 15 号，100083
网　　　址：www.blcup.com
电子信箱：service@blcup.com
电　　　话：编 辑 部　8610-82303647/3592/3395
　　　　　　国内发行　8610-82303650/3591/3648
　　　　　　海外发行　8610-82303365/3080/3668
　　　　　　北语书店　8610-82303653
　　　　　　网购咨询　8610-82303908
印　　　刷：北京富资园科技发展有限公司

版　　　次：2024 年 4 月第 1 版　　印　　次：2024 年 4 月第 1 次印刷
开　　　本：889 毫米 × 1194 毫米 1/16　　印　　张：11.5
字　　　数：224 千字
定　　　价：98.00 元

PRINTED IN CHINA

编写说明

新丝路"中文＋职业技能"系列教材是把中文作为第二语言，结合专业和职业的专门用途、职业用途的中文教材，不是专业理论教材，不是一般意义的通用综合中文教材。本系列教材定位为职场生存中文教材、立体式技能型语言教材。教材研发的目标是既要满足学习者一般中文环境下的基本交际需求，又要满足学习者职业学习需求和职场工作需求。它和普通的国际中文教材的区别不在语法，而在词汇的专门化程度，在中文的用途、使用场合、应用范围。目前，专门用途、职业用途的中文教材在语言分类和研究成果上几近空白，本系列教材的成功研发开创了中文学习的新视野、新领域、新方向，将"中文＋职业技能＋X等级证书"真正融合，使学习者在学习中文的同时，也可通过实践掌握职业技能，从而获得 X 等级证书。

适用对象

本系列教材将适用对象定位为双零基础（零语言基础、零技能基础）的来华学习中文和先进技能的长期或者短期进修生，可满足初、中、高各层次专业课程的教学需要。教材亦可供海内外相关的培训课程及"走出去"的中资企业培训本土化员工使用。

结构规模

本系列教材采取专项语言技能与职业技能训练相结合的中文教学及教材编写模式。教材选择当前热门的物流管理、汽车服务工程技术、电子商务、机电一体化、计算机网络技术、酒店管理等六个专业，培养各专业急需急用的技术岗位人才。每个专业教材均包括初、中、高级三册。每一册都配有专业视频教学资源，还附有"视频脚本""参考答案"等配套资源。

编写理念

本系列教材将词语进行分类，区分普通词语和专业词语，以通用语料为基础，以概念性、行为性词语为主，不脱离职场情境讨论分级，做到控制词汇量，控制工作场景，控制交流内容与方式，构建语义框架。将语言的分级和专业的分级科学地融合，是实现本系列教材成功编写的关键。

教材目标

语言技能目标：

初级阶段，能熟练掌握基础通用词语和职场的常用专业词语，能使用简短句子进行简单的生活及工作交流。中级阶段，能听懂工作场合简单的交谈与发言，明白大意，把握基本情况，能就工作中重要的话题用简单的话与人沟通。高级阶段，能听懂工作场合一般的交谈与发言，抓住主要内容和关键信息，使用基本交际策略与人交流、开展工作，能初步了解与交际活动相关的文化因素，掌握与交际有关的一般文化背景知识，能排除交际时遇到的文化障碍。交际能力层次的递进实现从初级的常规礼节、基本生活及工作的交流能力，到中级的简单的服务流程信息交流能力，最后达到高级的复杂信息的交流和特情处理的能力。

职业技能目标：

以满足岗位需求为目标，将遴选出的当前热门的专业工作岗位分为初、中、高三级。物流管理专业初、中、高级对应的岗位分别是物流员、物流经理、物流总监；汽车服务工程技术专业初、中、高级对应的岗位分别是汽车机电维修工、汽车服务顾问、技术总监；电子商务专业初、中、高级对应的岗位分别是电子商务运营助理、电子商务运营员、电子商务客服；机电一体化专业初、中、高级对应的岗位分别是机电操作工、机电调整工、机电维修工；计算机网络技术专业初、中、高级对应的岗位分别是宽带运维工程师、网络运维专员、网络管理员；酒店管理专业初、中、高级对应的岗位分别是前厅基层接待员、前厅主管、前厅经理。每个专业分解出三十个工作场景/任务，学习者在学习后能够全面掌握此岗位的概况及基本程序，实现语言学习和专业操作的双重目标。

编写原则

1. 语言知识技能与专业知识技能并进，满足当前热门的、急需急用的岗位需求。

2. 渐进分化，综合贯通，拆解难点，分而治之。

3. 语言知识与专业知识科学、高效复现，语言技能与专业技能螺旋式上升，职场情境、语义框架、本体输入方式相互配合。

4. 使用大量的图片和视频，实现专业知识和技能呈现形式可视化。

5. 强化专业岗位实操性技能。本系列教材配有专业技术教学的视频，突出展示专业岗位的实操性技能，语言学习难度与技能掌握难度的不匹配可通过实操性强的视频和实训环节来补充。

特色追求

本系列教材从初级最基础的语音知识学习和岗位认知开始，将"中文＋职业技能"融入在工作场景对话中，把工作分解成一个个任务，用图片认知的方式解决专业词语的认知问题，用视频展示的方法解决学习者掌握中文词语与专业技能的不匹配问题，注重技能的实操性，注重"在做中学"。每一单元都设置了"学以致用"板块，目的不仅仅是解决本单元任务的词语认知问题，更是将学习的目标放在"能听""能用""能模仿说出"上。我们力争通过大量图片的使用和配套视频的展示，将教材打造成立体式、技能型语言教材，方便学习者能够更好地自主学习。

使用建议

1. 本系列教材每个专业分为初、中、高级三册，每册 10 单元，初级每单元建议 8～10 课时完成，中级 10～12 课时完成，高级 12～14 课时完成。

2. 教材注释和说明着力于简明扼要，注重实操性，注重听说技能培养，对于教材涉及的语法知识，教师可视情况予以细化和补充。

3. "单元实训"板块可以在课文和语言点学完之后作为课堂练习使用，建议 2 课时完成。教师要带着学习者按照实训步骤一步步完成，实训步骤不要求学习者能够看懂，读懂，重要的是教师要引领操作，实现学习者掌握专业技能的目标。

4. "单元小结"板块是对整个单元关键词语和核心内容的总结，对于这部分内容，教师要进行听说练习，以便更好地帮助学习者了解本单元的核心工作任务。

5. 教师上课时要充分利用教材设计的练习，引导学习者多听多练，听说结合，学做合一。

6. 教师要带着学习者熟练诵读课文，要求学习者把每课的关键词语和句子、课堂用语背诵下来。

特别感谢

感谢教育部中外语言交流合作中心将新丝路"中文＋职业技能"系列教材列为重点研发项目，为我们教材编写增添了动力和责任感。教材编写委员会负责整套教材的规划、设计与编写协调，并先后召开上百次讨论会，对每册教材的课文编写、体例安排、注释说明、练习设计、图片选择、视频制作等进行全方位的评估、讨论和审定。感谢编写委员会成员和所有编者高度的敬业精神、精益求精的编写态度，以及所投入的热情和精力、付出的心血与智慧。感谢关注本系列教材并贡献宝贵意见的国际中文教育教学界专家和全国各地的同人。

新丝路"中文＋职业技能"系列教材编写委员会

2023 年 4 月

The New Silk Road "Chinese + Vocational Skills" is a series of Chinese textbooks for specialized and vocational purposes that combine professional and vocational technologies with Chinese as a second language. Instead of being specialized theoretical textbooks, or comprehensive or universal Chinese textbooks in a general sense, this series is intended to be Chinese textbooks for career survival, and three-dimensional skills-based language textbooks. The textbooks are developed with a view to meeting students' basic communication needs in general Chinese environment, and their professional learning needs and workplace demands as well. They are different from ordinary Chinese textbooks for foreigners in the degree of specialization of vocabulary, in the purpose, usage occasion, and application scope of Chinese (not in grammar). At present, Chinese textbooks for specialized and vocational purposes are virtually non-existent in terms of language classification and research results, so the successful development of this series has opened up new horizons, new fields and new directions for Chinese learning, and virtually integrated "Chinese + Vocational Skills + X-Level Certificates", which enables students to practically master vocational skills and obtain X-level certificates while learning Chinese.

Applicable Targets

This series is targeted at long-term or short-term students who come to China to learn Chinese and advanced skills with zero language basis and zero skill basis, which can meet the teaching needs of the elementary, intermediate and advanced specialized courses. This series can also be used for relevant training courses at home and abroad and for Chinese-funded enterprises that "go global" to train local employees.

Structure and Scale

This series adopts a Chinese teaching and textbook compilation model combining special language skills and vocational skills training. The series includes the textbooks for six popular majors such as logistics management, automotive service engineering technology, e-commerce, mechatronics, computer networking technology, and hotel management to cultivate technical talents in urgent need. The textbooks for each major consist of the textbooks at the elementary, intermediate and advanced levels. Each textbook is equipped with professional video teaching resources, and "video scripts", "reference answers" and other supporting resources as well.

Compilation Concept

This series classifies the vocabulary into general vocabulary and specialized vocabulary. Based on the general vocabulary, it focuses on conceptual and behavioral words, not deviating from workplace situations, so as to control the vocabulary, work scenarios and content and means of communication, and build the semantic framework. The scientific integration of language classification and specialty classification is the key to the successful compilation of textbooks.

Textbook Objectives

Language Skill Objectives

For students at the elementary level, they are trained to be familiar with basic general vocabulary and common specialized vocabulary in the workplace, and be able to use short sentences for simple communication in life and at work. For those at the intermediate level, they are trained to understand simple conversations and speeches in the workplace, comprehend the main ideas, grasp the basic situations, and communicate with others in simple words on important topics at work. For those at the advanced level, they are trained to be able to understand general conversations and speeches in the workplace, grasp the main content and key information, use basic communication strategies to communicate with others and carry out the work, have a preliminary understanding of cultural factors related to communication activities, master the general communication-related cultural background knowledge, and overcome cultural barriers encountered during communication. The progression in level of communicative competence helps them to leap forward from routine etiquette, basic communication in life and at work at the elementary level, to simple information exchange of service processes at the intermediate level, and finally to complex information exchange and handling of special circumstances at the advanced level.

Vocational Skill Objectives

To meet job requirements at the elementary, intermediate and advanced levels, the professional positions that are most urgently needed overseas are selected. The positions corresponding to logistics management at the elementary, intermediate and advanced levels are logistics staff, logistics managers and logistics directors; the positions corresponding to automotive service engineering technology at the elementary, intermediate and advanced levels are automotive electromechanical maintenance staff, automotive service consultants and technical directors; the positions corresponding to e-commerce at the elementary, intermediate and advanced levels are electronic operation assistants, e-commerce operators and e-commerce customer service staff; the positions corresponding to mechatronics at the elementary, intermediate and advanced levels are mechanical and electrical operators, mechanical and electrical adjusters, and mechanical and electrical maintenance staff; the positions corresponding to computer networking technology at the elementary, intermediate and advanced levels are broadband operation and maintenance engineers, network operation and maintenance specialists, and network administrators; the positions corresponding to hotel management at the elementary, intermediate and advanced levels are lobby receptionists, lobby supervisors and lobby managers. Through 30 work scenarios/tasks set for each major, learners can fully grasp the general situations and basic procedures of the position after learning, and achieve the dual goals of language learning and professional operation.

Principles of Compilation

1. Language knowledge skills and professional knowledge skills go hand in hand to meet the demands of current popular and urgently needed job positions;

2. It makes progressive differentiation and comprehensive integration, breaking down, dividing and conquering difficult points;

3. Language knowledge and professional knowledge recur scientifically and efficiently, language skills and professional skills spiral upward, and the situational stage, semantic framework, and ontology input methods cooperate with each other;

4. Professional knowledge and skills are visualized, using a lot of pictures and videos;

5. It strengthens the practical skills in professional positions. This series of textbooks is equipped with videos of professional technical training, highlighting the practical skills for professional positions. It addresses the mismatch between the difficulty of language learning and that of mastering skills by supplementing with practical videos and practical training.

Characteristic Pursuit

Starting from the basic phonetic knowledge learning and job cognition at the elementary level, this series integrates "Chinese + Vocational Skills" into the working scene dialogues, breaking down the job into various tasks, solving lexical students' problems by means of picture cognition, solving the problem of the mismatch between students' mastery of Chinese vocabulary and professional skills by means of displaying videos, stressing the practicality of skills, and focusing on "learning by doing". Each unit has a "Practicing What You Have Learnt" module, which not only solves the problem of lexical cognition of this unit, but also takes "being able to comprehend", "being able to use" and "being able to imitate" as the learning objectives. We strive to use a large number of pictures and display supporting videos to build the textbooks into three-dimensional skills-based language teaching materials, so that learners can learn more independently.

Recommendations for Use

1. Each major of this series consists of three volumes at the elementary, intermediate, and advanced levels, with 10 units in each volume. For each unit, it is recommended to be completed in 8-10 class hours at the elementary level, 10-12 class hours at the intermediate level, and 12-14 class hours at the advanced level.

2. The notes and explanations in the textbooks focus on conciseness, practicality, and the training of listening and speaking skills. The grammar knowledge in the textbooks can be detailed and supplemented by teachers as the case may be.

3. "Unit Practical Training" module can be used as a classroom exercise after the texts and language points, preferably to be completed in two class hours. Teachers should guide students to complete the training tasks step by step. Students are not required to read and understand the training steps. It is important that teachers guide students to achieve the goal of mastering professional skills.

4. "Unit Summary" module summarizes the keywords and core content of the entire unit. Through listening and speaking exercises, this part can better help learners understand the core tasks of this unit.

5. Teachers should make full use of the exercises designed in the textbooks during class, and guide students to listen more and practice more, combine listening and speaking, and integrate learning with practice.

6. Teachers should guide students to proficiently read the texts aloud, asking them to recite the keywords, sentences and classroom expressions in each unit.

Acknowledgements

We are grateful to the Center for Language Education and Cooperation of the Ministry of Education for listing the New Silk Road "Chinese + Vocational Skills" series as a key research and development project, which adds motivation and a sense of responsibility to our textbook compilation. The Textbook Compilation Committee is responsible for the planning, design, compilation and coordination of the entire set of textbooks, and has held hundreds of seminars to conduct a comprehensive evaluation, discussion, examination and approval of text compilation, style arrangement, notes and explanations, exercise design, picture selection, and video production of each textbook. We are indebted to the members of the Compilation Committee and all compilers for their professional dedication, unwavering pursuit of perfection in the compilation, as well as their enthusiasm, hard work and wisdom. We are thankful to the experts in international Chinese language education and colleagues from all over the country who have kept a close eye on this series and contributed their valuable opinions.

Compilation Committee of New Silk Road "Chinese + Vocational Skills" Series

April 2023

gǎngwèi jièshào

岗位介绍

Introduction to Posts

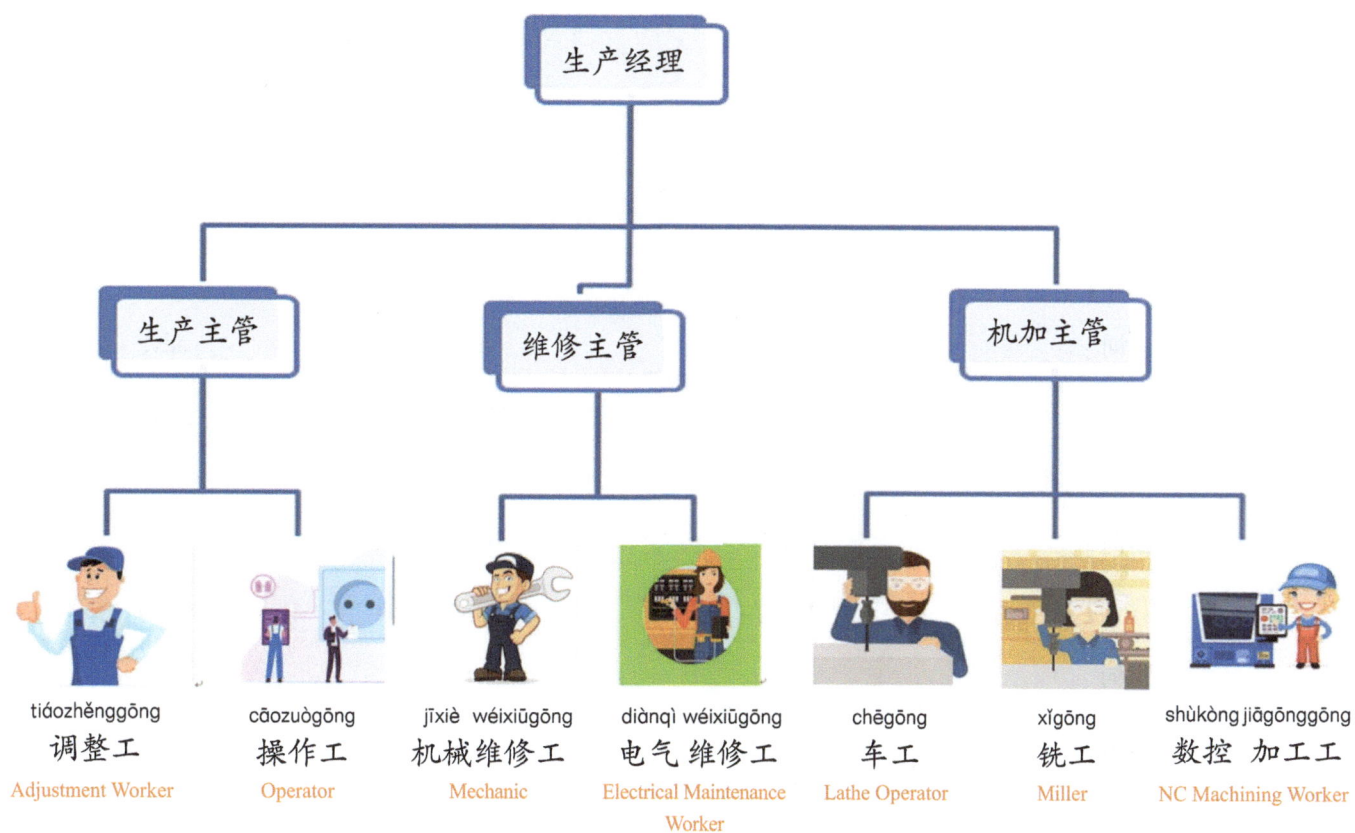

```
                        生产经理

        生产主管          维修主管              机加主管
```

tiáozhěnggōng
调整工
Adjustment Worker

cāozuògōng
操作工
Operator

jīxiè wéixiūgōng
机械维修工
Mechanic

diànqì wéixiūgōng
电气 维修工
Electrical Maintenance
Worker

chēgōng
车工
Lathe Operator

xǐgōng
铣工
Miller

shùkòng jiāgōnggōng
数控 加工工
NC Machining Worker

语法术语及缩略形式参照表
Abbreviations of Grammar Terms

Grammar Terms in Chinese	Grammar Terms in Pinyin	Grammar Terms in English	Abbreviations
名词	míngcí	noun	n.
专有名词	zhuānyǒu míngcí	proper noun	pn.
代词	dàicí	pronoun	pron.
数词	shùcí	numeral	num.
量词	liàngcí	measure word	m.
数量词	shùliàngcí	quantifier	q.
动词	dòngcí	verb	v.
助动词	zhùdòngcí	auxiliary	aux.
形容词	xíngróngcí	adjective	adj.
副词	fùcí	adverb	adv.
介词	jiècí	preposition	prep.
连词	liáncí	conjunction	conj.
助词	zhùcí	particle	part.
拟声词	nǐshēngcí	onomatopoeia	onom.
叹词	tàncí	interjection	int.
前缀	qiánzhuì	prefix	pref.
后缀	hòuzhuì	suffix	suf.
成语	chéngyǔ	idiom	idm.
短语	duǎnyǔ	phrase	phr.
主语	zhǔyǔ	subject	S
谓语	wèiyǔ	predicate	P
宾语	bīnyǔ	object	O
定语	dìngyǔ	attributive	Attrib
状语	zhuàngyǔ	adverbial	Adverb
补语	bǔyǔ	complement	C

CONTENTS

目录

1

Dǎoxiàn
导线
Conducting Wires

dǎoxiàn cèliáng de bùshè xíngshì
导线 测量的布设形式
Layout Forms of Traverse Survey

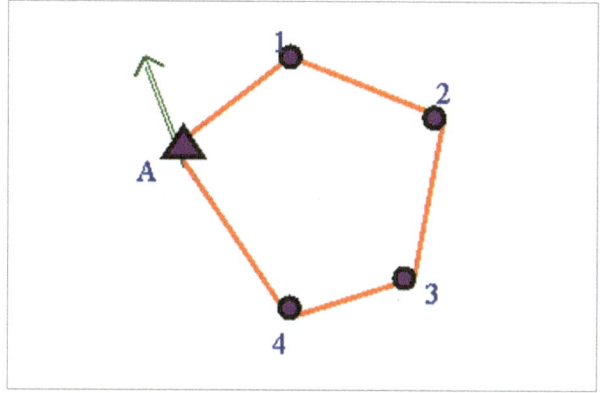

bìhé dǎoxiàn
闭合导线
Closed Traverse

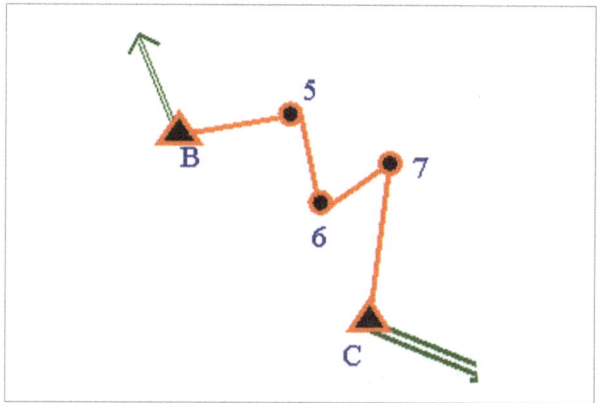

fùhé dǎoxiàn
附合导线
Connecting Traverse

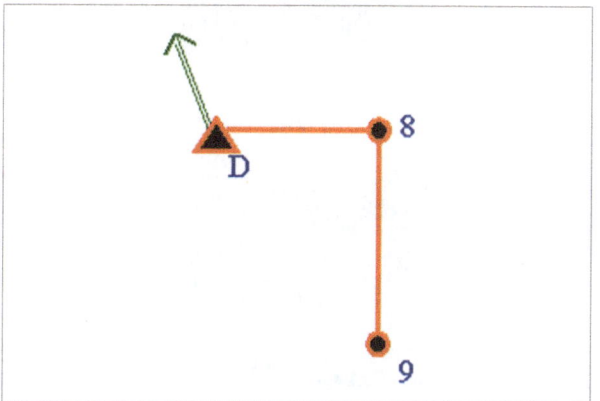

zhīdǎoxiàn
支导线
Open Traverse

题解 Introduction

1. 学习内容：导线的基本类型、结构、应用领域和未来发展趋势。

   Learning content: The basic types, structures, application fields, and future development trends of conducting wires

2. 知识目标：掌握与导线相关的关键词，了解汉字的偏旁"口""口""女""亻""日"，学写相关汉字。

   Knowledge objectives: To master the keywords related to conducting wires, understand the radicals of Chinese characters such as "口"，"口"，"女"，"亻"，"日" and learn to write the related Chinese characters

3. 技能目标：能够在电路中连接导线。

   Skill objective: To be able to connect conducting wires in circuits

第一部分 Part 1

课文 *Texts*

一、热身 rèshēn Warm-up

1. 给词语选择对应的图片。**Choose the corresponding picture for each word.**

A.

B.

C.

D.

zìdònghuà shēngchǎnxiàn
① 自动化 生产线 _____
automatic production line

hángkōng hángtiān
② 航空 航天 _____
aerospace

jiāyòng diànqì
③ 家用电器 _____
household electric appliances

diànlì shèbèi
④ 电力设备 _____
electrical power equipment

2. 观看介绍导线结构和用途的视频，根据名称选择相应的图片。**Watch the video introducing the structure and usage of conducting wires and choose the corresponding pictures based on the names.**

A.

B.

C.

D.

lǚdǎoxiàn
① 铝导线 _____
aluminum conducting wire

jiēxiàn duānzǐ yǔ duānzǐpái
② 接线端子与端子排 _____
wiring terminal and terminal block

diànyuán ruǎndǎoxiàn
③ 电源 软导线 _____
soft power cord

tóngdǎoxiàn
④ 铜导线 _____
copper conducting wire

二、课文　kèwén　Texts

A 🎧 01-01

Dǎoxiàn shì nénggòu dǎodiàn de jīnshǔxiàn,　shì diànnéng de chuánshū zàitǐ,　yóu dān gēn huò
导线 是 能够 导电 的 金属线，是 电能 的 传输 载体，由 单 根 或

duō gēn jiǎohé ér chéng.　Diànqì xiànlù shang de dǎoxiàn yǒu jǐ bǎi zhǒng,　dàn tāmen de zhǒnglèi hé
多 根 绞合 而 成。电气 线路 上 的 导线 有 几 百 种，但 它们 的 种类 和

zuòyòng dōu bù tóng.　Yìbān cóng cáiliào shang qūfēn,　yǒu tóngdǎoxiàn hé lǚdǎoxiàn liǎng zhǒng.
作用 都 不 同。一般 从 材料 上 区分，有 铜导线 和 铝导线 两 种。

Àn gùdìng zài yìqǐ xiānghù juéyuán de gēn shù,　fēnwéi dānxīn hé duōxīn.　Juéyuán diànxiàn àn měi
按 固定 在 一起 相互 绝缘 的 根数，分为 单芯 和 多芯。绝缘 电线 按 每

gēn dǎoxiàn de gǔ shù kě fēnwéi dāngǔxiàn hé duōgǔxiàn,　dāngǔxiàn chēngwéi yìngxiàn,　duōgǔxiàn
根 导线 的 股数 可 分为 单股线 和 多股线，单股线 称为 硬线，多股线

kě chēngwéi ruǎnxiàn.
可 称为 软线。

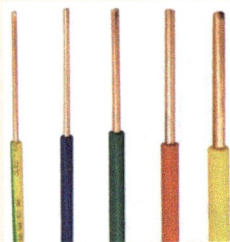

tóngdǎoxiàn:　dānxīn
铜导线：单芯
copper conducting wires: single-core

lǚdǎoxiàn:　dānxīn
铝导线：单芯
aluminum conducting wires: single-core

duōxīn
多芯
multi-core

译文 yìwén Text in English

　　A conducting wire is a conductive metal wire that serves as a carrier for transmitting electrical energy. It is made up of a single or multiple twisted wires. There are hundreds of types of conducting wires on electrical circuits, but their types and functions are different. Generally, there are two types of materials to distinguish: copper conducting wires and aluminum conducting wires. According to the number of insulated wires fixed together, they are divided into single-core and multi-core. Insulated wires can be divided into single-stranded wires and multiple-stranded wires based on the number of strands per wire. Single-stranded wires are called hard wires, while multiple-stranded wires can be called soft wires.

普通词语 pǔtōng cíyǔ General Vocabulary　🎧 01-02

1.	能够	nénggòu	aux.	can
2.	导电	dǎodiàn	v.	conduct electricity
3.	金属线	jīnshǔxiàn	n.	metal wire

4.	传输	chuánshū	v.	transmit
5.	载体	zàitǐ	n.	carrier
6.	由……而成	yóu…ér chéng	phr.	be made up of
7.	单	dān	adj.	single
8.	根	gēn	m.	*a measure word for long thin pieces*
9.	绞合	jiǎohé	v.	twist
10.	材料	cáiliào	n.	material
11.	区分	qūfēn	v.	differentiate
12.	一起	yìqǐ	adv.	together
13.	相互	xiānghù	adv.	each other
14.	数	shù	n.	number
15.	分为	fēnwéi	phr.	divide into
16.	股	gǔ	m.	*a measure word for sth. long and narrow*
17.	称为	chēngwéi	phr.	be called

专业词语 zhuānyè cíyǔ Specialized Vocabulary 🎧 01-03

1.	导线	dǎoxiàn	n.	conducting wire
2.	电气线路	diànqì xiànlù	phr.	electrical circuit
	线路	xiànlù	n.	circuit
3.	铜导线	tóngdǎoxiàn	n.	copper conducting wire
4.	铝导线	lǚdǎoxiàn	n.	aluminum conducting wire
5.	单芯	dānxīn	n.	single-core
6.	多芯	duōxīn	n.	multi-core
7.	单股线	dāngǔxiàn	n.	single-stranded wire
8.	多股线	duōgǔxiàn	n.	multi-stranded wire
9.	硬线	yìngxiàn	n.	hard wire
10.	软线	ruǎnxiàn	n.	soft wire

B 🎧 01-04

Dǎoxiàn shì yòngzuò diànlǎn diànxiàn de cáiliào. Diànlǎn diànxiàn zhǔyào de yìngyòng lǐngyù shì
导线 是 用作 电缆 电线 的 材料。电缆 电线 主要的 应用 领域 是

diànlì xìtǒng、 guǐdào jiāotōng、 hángkōng hángtiān、 hǎiyáng gōngchéng děng. Jìnnián lái, Yàzhōu
电力 系统、轨道 交通、航空 航天、海洋 工程 等。近年来,亚洲

děng dì de xīnxīng shìchǎng guójiā jīngjì zēngzhǎng jiào kuài, shìjiè diànlǎn diànxiàn de shēngchǎn
等 地的 新兴 市场 国家经济 增长 较 快,世界电缆 电线的 生产

zhòngxīn kāishǐ xiàng Yàzhōu zhuǎnyí. Huánbǎo chéngwéi quánqiú diànlǎn diànxiàn chǎnpǐn de fāzhǎn
重心 开始 向 亚洲 转移。环保 成为 全球 电缆 电线 产品 的 发展
qūshì.
趋势。

diànlì shèbèi
电力设备
electrical equipment

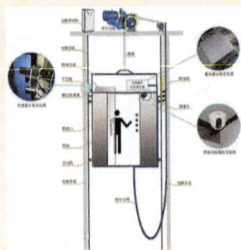

diàntī suíxíng diànlǎn
电梯随行 电缆
traveling cable of lift

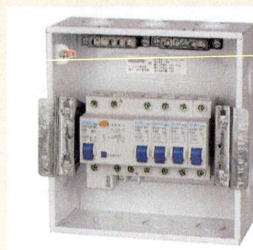

jiāyòng pèidiànxiāng
家用 配电箱
household power distribution box

译文 yìwén Text in English

Conducting wires are materials used for cables and wires. The main application areas of cables and wires are power systems, rail transport, aerospace, marine engineering, etc. In recent years, emerging market countries in Asia and other regions have seen rapid economic growth, and the production focus of global cables and wires has begun to shift towards Asia. Environmental protection has become a global trend in the development of cable and wire products.

普通词语 pǔtōng cíyǔ General Vocabulary

🎧 01-05

1.	用作	yòngzuò	phr.	be used for
2.	领域	lǐngyù	n.	area, field
3.	电力系统	diànlì xìtǒng	phr.	electrical power system
4.	轨道交通	guǐdào jiāotōng	phr.	rail transit
5.	航空航天	hángkōng hángtiān	phr.	aerospace
6.	海洋工程	hǎiyáng gōngchéng	phr.	marine engineering
7.	近年来	jìnnián lái	phr.	in recent years
8.	亚洲	Yàzhōu	pn.	Asia
9.	地	dì	n.	region
10.	新兴	xīnxīng	adj.	emerging
11.	市场	shìchǎng	n.	market
12.	经济	jīngjì	n.	economics
13.	增长	zēngzhǎng	v.	increase, grow
14.	快	kuài	adj.	rapid
15.	重心	zhòngxīn	n.	focus

16.	开始	kāishǐ	v.	begin, start
17.	向	xiàng	prep.	towards
18.	转移	zhuǎnyí	v.	shift
19.	环保	huánbǎo	n.	environmental protection
20.	成为	chéngwéi	v.	become
21.	全球	quánqiú	n.	the world
22.	产品	chǎnpǐn	n.	product
23.	趋势	qūshì	n.	trend

专业词语 zhuānyè cíyǔ Specialized Vocabulary

🎧 01-06

| 1. | 电缆 | diànlǎn | n. | cable |
| 2. | 电线 | diànxiàn | n. | (electric) wire |

三、视听说 shì-tīng-shuō Viewing, Listening and Speaking

观看介绍常用电缆电线和电磁线的视频，给不同的名称选择正确的图片及合适的使用场合。说说不同的电缆电线和电磁线的使用场合。**Watch the video introducing common cables, wires, and electromagnetic wires, and choose the right pictures and appropriate occasions for use for different names. Talk about the occasions for use of different cables, wires, and electromagnetic wires.**

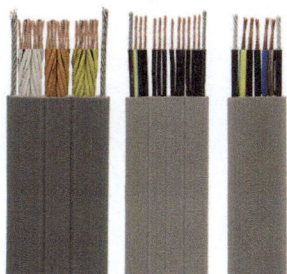

A.

B.

C.

D.

yònglái ràozhì diàngǎn xiànquān
a. 用来绕制 电感 线圈

   used for winding inductive coils

shìyòng yú pínfán wānqū de chǎnghé
b. 适用 于频繁弯曲的 场合

   suitable for frequent bending occasions

shìhé zuò diànyuánxiàn
c. 适合做 电源线

   suitable for use as power cord

shíxiàn jìngdiàn píngbì、 gāoyā píngbì hé diàncí píngbì
d. 实现 静电 屏蔽、高压屏蔽和电磁屏蔽

   realizing electrostatic shielding, high voltage shielding and electromagnetic shielding

名称	图片	使用场合
píngbìxiàn ❶ 屏蔽线 shielded wire	_____	_____
diàncíxiàn ❷ 电磁线 electromagnetic wire	_____	_____
biǎnpíng diànlǎn ❸ 扁平 电缆 flat cable	_____	_____
diànyuán ruǎnxiàn ❹ 电源 软线 soft power cord	_____	_____

四、学以致用　xuéyǐzhìyòng　Practicing What You Have Learnt

观看介绍导线测量的布设形式及适用场合的视频，先根据图片判断导线的布设形式，然后选择合适的使用场合。**Watch the video introducing the layout forms and applicable occasions of traverse survey. Tell the layout forms of the conducting wires based on the pictures first, and then choose the appropriate occasions for use.**

dǎoxiàn cèliáng de bùshè xíngshì jí shǐyòng chǎnghé
导线 测量的布设形式及适用 场合
Layout Forms and Applicable Occasions of Traverse Survey

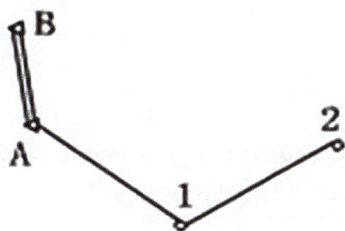

❶ _____　_____

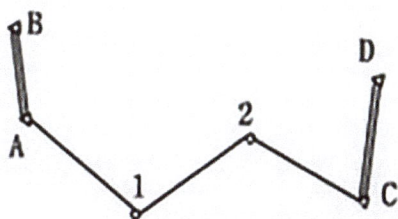

❷ _____　_____

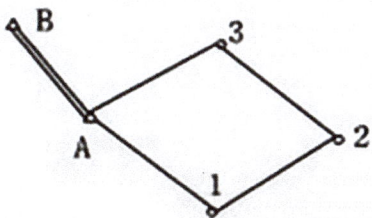

❸ _____　_____

布设形式	bìhé dǎoxiàn A. 闭合导线 closed traverse	fùhé dǎoxiàn B. 附合导线 connecting traverse	zhīdǎoxiàn C. 支导线 open traverse
使用场合	jiāmì kòngzhì cèliáng a. 加密控制测量 encryption control survey	kuàizhuàng xiáqū b. 块状 辖区 massive survey area	dàizhuàng cèqū c. 带状 测区 strip survey area

五、小知识　xiǎo zhīshi　Tips

Dǎoxiàn yánsè biāozhǔn
导线 颜色 标准

Dǎoxiàn de yánsè yìbān guīdìng, sān xiàng yánsè wéi huáng、lǜ、 hóng, fēnbié wéi A、 B、
导线的颜色一般规定，三相 颜色为 黄、绿、红，分别为A、B、

C sān xiàng, lánsè wéi língxiàn, huáng lǜ xiāngjiàn de wéi jiēdìxiàn. Jiēxiàn shí, huáng、lǜ、
C三 相，蓝色为 零线，黄 绿 相间 的为 接地线。接线时，黄、绿、

hóng jiē huǒxiàn, lánsè jiē língxiàn, huáng lǜ xiāngjiàn de xiàn jiēdào PE bǎohùxiàn shang huòzhě
红接火线，蓝色接零线，黄 绿 相间 的线接到PE保护线 上 或者

jiēdào shèbèi wàiké shang (wàiké yǐ yǔ dìwǎng liánjiē).
接到设备外壳 上（外壳已与地网连接）。

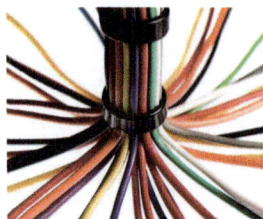

Color Standard of Conducting Wires

It is generally stipulated that the colors of three-phase conducting wires are yellow, green and red, corresponding to phases A, B and C. The blue wire is null line, while the yellow and green wires are ground lines. During wiring, the yellow, green and red wires are connected to live lines, the blue wire is connected to null line, and the yellow and green wires are connected to PE guard lines or equipment enclosures (which have been connected to the earth screen).

第二部分　Part 2

汉字　Chinese Characters

一、汉字知识　Hànzì zhīshi　Knowledge about Chinese Characters

汉字的偏旁（1）Radicals of Chinese characters (1)

偏旁 Radicals	例字 Examples	部件组合 Combinations	结构图示 Illustrations
口	吗	口＋马	▯▯
	呢	口＋尼	▯▯
	哪	口＋那	▯▯
	吃	口＋乞	▯▯
	啊	口＋阿	▯▯
	叫	口＋丩	▯▯

（续表）

偏旁 Radicals	例字 Examples	部件组合 Combinations	结构图示 Illustrations
口	国 图	口 + 玉 口 + 冬	▣ ▣
女	妈 她 姓 娜	女 + 马 女 + 也 女 + 生 女 + 那	〼 〼 〼 〼
亻	你 他 们 作 什 做	亻 + 尔 亻 + 也 亻 + 门 亻 + 乍 亻 + 十 亻 + 故	〼 〼 〼 〼 〼 〼
日	时 晚 明 早 星	日 + 寸 日 + 免 日 + 月 日 + 十 日 + 生	〼 〼 〼 ⊟ ⊟

二、汉字认读与书写　Hànzì rèndú yǔ shūxiě　The Recognition and Writing of Chinese Characters

认读下列词语，并试着读写构成词语的汉字。**Recognize the following words, and try to read and write the Chinese characters forming these words.**

元器件　　线图　　例如　　传输　　普及

元		器		件		
线		图		例		如
传		输		普		及

第三部分　Part 3

日常用语 *Daily Expressions*

1. 我还要再确认吗？　Wǒ hái yào zài quèrèn ma? Do I have to make a reconfirmation?
2. 我要等多久呢？　Wǒ yào děng duōjiǔ ne? How long will I have to wait?
3. 有其他的航班吗？　Yǒu qítā de hángbān ma? Do you have any other flights?

第四部分　Part 4

单元实训 *Unit Practical Training*

导线的认识与连接
Understanding and Connection of Conducting Wires

实训目的 Training purpose

通过本次实训，学生能够认识导线的不同种类和作用，能够将导线接入接线端子排。

Through this practical training, students will be able to understand the different types and functions of conducting wires, and be able to connect conducting wires to terminal blocks.

实训组织 Training organization

每组 6 人，选举一人为组长，另设一人为主持人。

Each group consists of six people, elects a team leader, and appoints another person as the host.

实训步骤 Training steps

1. 教师讲解本次实训要点。

    The teacher explains the key points of the training.

2. 主持人念出导线的名字，学生找到颜色和种类与之相符的导线，最后答对次数最多的小组获胜。

    The host reads out the name of each wire and the students find the wire that matches the color and type. The group with the most correct answers wins.

3. 进入车间，给学生分发不同颜色的导线、螺丝刀和接线端子排。学生按照要求用螺丝刀将导线接入端子排的接线孔中。小组组长根据颜色及接线牢固程度（用手用力拽拉，线不会松脱）评价组员的接线效果。

    Enter the workshop and distribute different colored wires, screwdrivers, and terminal blocks to students. Each student is required to use a screwdriver to insert the conducting wire into the wiring hole of the terminal block. The group leader evaluates the wiring effectiveness of the team members based on the color and the firmness of the wiring (using hands to forcefully pull, the wires will not loosen).

4. 学生根据所学内容观察断电后的配电柜及各种设备，找到电线的种类及其颜色并记录汇报。

    The students observe the power distribution cabinet and various electric equipment after a power outage based on what they have learned, and record and report the colors and types of wires they have found.

5. 教师点评。

    The teacher makes a comment.

第五部分　Part 5

单元小结 *Unit Summary*

普通词语　General Vocabulary

1.	能够	nénggòu	aux.	can
2.	导电	dǎodiàn	v.	conduct electricity
3.	金属线	jīnshǔxiàn	n.	metal wire
4.	传输	chuánshū	v.	transmit
5.	载体	zàitǐ	n.	carrier
6.	由……而成	yóu…ér chéng	phr.	be made up of
7.	单	dān	adj.	single
8.	根	gēn	m.	*a measure word for long thin pieces*
9.	绞合	jiǎohé	v.	twist
10.	材料	cáiliào	n.	material
11.	区分	qūfēn	v.	differentiate
12.	一起	yìqǐ	adv.	together
13.	相互	xiānghù	adv.	each other
14.	数	shù	n.	number
15.	分为	fēnwéi	phr.	divide into
16.	股	gǔ	m.	*a measure word for sth. long and narrow*
17.	称为	chēngwéi	phr.	be called
18.	用作	yòngzuò	phr.	be used for
19.	领域	lǐngyù	n.	area, field
20.	电力系统	diànlì xìtǒng	phr.	electrical power system
21.	轨道交通	guǐdào jiāotōng	phr.	rail transit
22.	航空航天	hángkōng hángtiān	phr.	aerospace
23.	海洋工程	hǎiyáng gōngchéng	phr.	marine engineering
24.	近年来	jìnnián lái	phr.	in recent years
25.	亚洲	Yàzhōu	pn.	Asia
26.	地	dì	n.	region
27.	新兴	xīnxīng	adj.	emerging
28.	市场	shìchǎng	n.	market
29.	经济	jīngjì	n.	economics
30.	增长	zēngzhǎng	v.	increase, grow
31.	快	kuài	adj.	rapid
32.	重心	zhòngxīn	n.	focus
33.	开始	kāishǐ	v.	begin, start

cíyǔ
词语
Vocabulary

34.	向	xiàng	prep.	towards
35.	转移	zhuǎnyí	v.	shift
36.	环保	huánbǎo	n.	environmental protection
37.	成为	chéngwéi	v.	become
38.	全球	quánqiú	n.	the world
39.	产品	chǎnpǐn	n.	product
40.	趋势	qūshì	n.	trend

专业词语　Specialized Vocabulary

1.	导线	dǎoxiàn	n.	conducting wire
2.	电气线路	diànqì xiànlù	phr.	electrical circuit
	线路	xiànlù	n.	circuit
3.	铜导线	tóngdǎoxiàn	n.	copper conducting wire
4.	铝导线	lǚdǎoxiàn	n.	aluminum conducting wire
5.	单芯	dānxīn	n.	single-core
6.	多芯	duōxīn	n.	multi-core
7.	单股线	dāngǔxiàn	n.	single-stranded wire
8.	多股线	duōgǔxiàn	n.	multi-stranded wire
9.	硬线	yìngxiàn	n.	hard wire
10.	软线	ruǎnxiàn	n.	soft wire
11.	电缆	diànlǎn	n.	cable
12.	电线	diànxiàn	n.	(electric) wire

补充专业词语　Supplementary Specialized Vocabulary

1.	接线端子	jiēxiàn duānzǐ	phr.	wiring terminal
2.	端子排	duānzǐpái	n.	terminal block
3.	屏蔽线	píngbìxiàn	n.	shielded wire
4.	电磁线	diàncíxiàn	n.	electromagnetic wire
5.	扁平电缆	biǎnpíng diànlǎn	phr.	flat cable
6.	电感线圈	diàngǎn xiànquān	phr.	inductance coil
7.	闭合导线	bìhé dǎoxiàn	phr.	closed traverse
8.	附合导线	fùhé dǎoxiàn	phr.	connecting traverse
9.	支导线	zhīdǎoxiàn	n.	open traverse
10.	加密	jiā//mì	v.	encrypt
11.	零线	língxiàn	n.	null line
12.	地线	dìxiàn	n.	ground line

<table>
<tr>
<td>

jùzi
句子
Sentences

</td>
<td>

1. 导线是能够导电的金属线，是电能的传输载体，由单根或多根绞合而成。

2. 导线一般从材料上区分，有铜导线和铝导线两种。

3. 导线按固定在一起相互绝缘的根数，分为单芯和多芯。

4. 导线是用作电缆电线的材料。

5. 电缆电线主要的应用领域是电力系统、轨道交通、航空航天、海洋工程等。

6. 环保成为全球电缆电线产品的发展趋势。

</td>
</tr>
</table>

2

Bǎoxiǎnsī
保险丝
Fuses

tiáosīzhuàng bǎoxiǎnsī
条丝状 保险丝
Filament Fuses

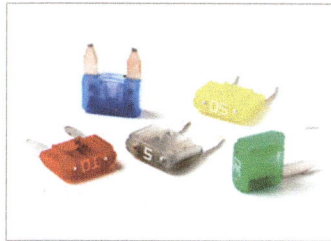

piànzhuàng bǎoxiǎnsī
片状 保险丝
Plate Fuses

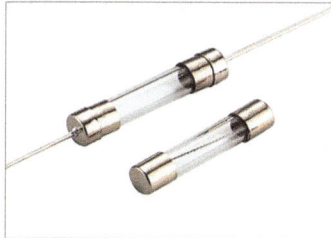

bōliguǎnzhuàng bǎoxiǎnsī
玻璃管状 保险丝
Glass Tube Fuses

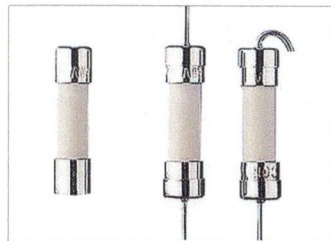

bǎoxiǎnsī de bù tóng lèixíng
保险丝的不同类型
Different Types of Fuses

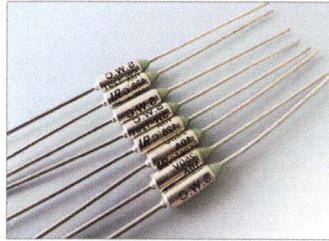

táocíguǎnzhuàng bǎoxiǎnsī
陶瓷管状 保险丝
Ceramic Tube Fuses

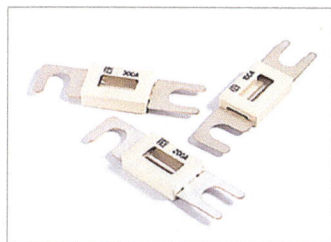

qìchē bǎoxiǎnsī
汽车保险丝
Auto Fuses

SMD tiēpiànzhuàng bǎoxiǎnsī
SMD 贴片状 保险丝
SMD Fuses

题解　Introduction

1. 学习内容：保险丝的基本类型、结构组成、主要作用和应用领域。

   Learning content: The basic types, structural compositions, main functions, and application fields of fuses

2. 知识目标：掌握与保险丝相关的关键词，了解汉字的偏旁"氵""讠""艹""辶"，学写相关汉字。

   Knowledge objectives: To master the keywords related to fuses, understand the radicals of Chinese characters such as "氵", "讠", "艹", "辶", and learn to write the related Chinese characters

3. 技能目标：能够安装保险丝。

   Skill objective: To be able to install fuses

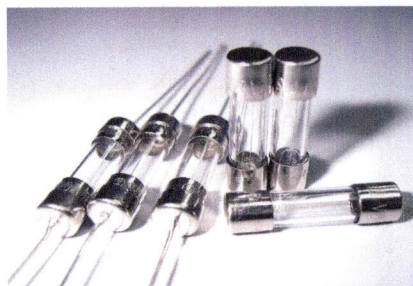

第一部分　Part 1

课文　Texts

一、热身　rèshēn　Warm-up

1. 给词语选择对应的图片。**Choose the corresponding picture for each word.**

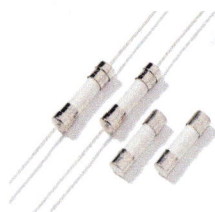

A.

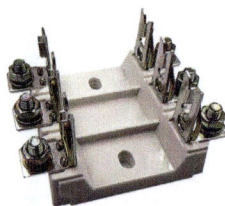

B.

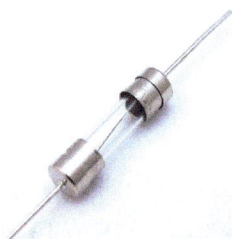

C.

D.

① bōliguǎnzhuàng bǎoxiǎnsī
玻璃管状 保险丝 _____
glass tube fuse

② bǎoxiǎnsī dǐzuò
保险丝底座 _____
fuse holder

③ qìchē bǎoxiǎnsīhé
汽车保险丝盒 _____
automobile fuse box

④ bǎoxiǎnsī
保险丝 _____
fuse

2. 观看介绍保险丝结构和用途的视频，根据名称选择合适的保险丝。**Watch the video introducing the structures and functions of fuses, and find the right fuses based on the names.**

A.

B.

C.

D.

① bǎoxiǎnsī dǐzuò
保险丝底座 _____
fuse holder

② qìchē bǎoxiǎnsī
汽车保险丝 _____
automobile fuse

③ pèitào de jiēxiàn duānzǐ
配套的接线端子 _____
supporting terminal block

④ qìchē bǎoxiǎnsīhé
汽车保险丝盒 _____
automobile fuse holder

二、课文　kèwén　Texts

A　🎧 02-01

Bǎoxiǎnsī　yě bèi chēngwéi　diànliú bǎoxiǎnsī,　　IEC127　biāozhǔn jiāng tā dìngyì wéi "róng-
保险丝也被 称为 电流保险丝，IEC127 标准 将 它 定义 为 "熔

duàntǐ".　Qí zuòyòng zhǔyào shì guòzài bǎohù.　Zhǐyào zài diànlù zhōng zhèngquè ānzhì,　bǎoxiǎnsī
断体"。其作用 主要 是 过载保护。只要在电路中 正确安置，保险丝

jiù huì zài diànliú yìcháng shēnggāo dào yídìng gāodù hé rèdù de shíhou,　zìshēn róngduàn
就会在电流异常 升高 到一定高度和热度的时候，自身 熔断

qiēduàn diànliú,　bǎohù　diànlù ānquán yùnxíng.
切断 电流，保护 电路安全 运行。

译文 yìwén Text in English

　　Fuse, also known as electric current fuse, is defined as "fuse link" by IEC127 standard. It mainly serves as overload protection. As long as it is correctly placed in the circuit, it will fuse itself and cut off the power supply when the current abnormally rises to a certain height and heat, thus protecting the safe operation of the circuit.

普通词语 pǔtōng cíyǔ General Vocabulary　🎧 02-02

1.	被	bèi	prep.	*used in a passive sentence to introduce the agent/doer*
2.	标准	biāozhǔn	n.	standard
3.	将	jiāng	prep.	*used to introduce the object before the verb*
4.	定义	dìngyì	v.	define
5.	其	qí	pron.	its
6.	作用	zuòyòng	n.	function
7.	保护	bǎohù	v.	protect
8.	只要	zhǐyào	conj.	as long as
9.	正确	zhèngquè	adj.	correct
10.	安置	ānzhì	v.	place, put
11.	异常	yìcháng	adj.	abnormal

12.	升高	shēnggāo	phr.	rise
13.	高度	gāodù	n.	height
14.	热度	rèdù	n.	heat
15.	时候	shíhou	n.	(a point in) time
16.	自身	zìshēn	n.	oneself
17.	切断	qiēduàn	phr.	cut off
18.	运行	yùnxíng	v.	run, operate

专业词语 zhuānyè cíyǔ Specialized Vocabulary 🎧 02-03

1.	保险丝	bǎoxiǎnsī	n.	fuse
2.	熔断体	róngduàntǐ	n.	fuse link
3.	过载	guòzài	v.	overload
4.	电路	diànlù	n.	circuit
5.	熔断	róngduàn	phr.	fuse

B 🎧 02-04

Bǎoxiǎnsī yǐjīng yǒu yìbǎi duō nián de lìshǐ, zhǔyào jīnglìguo sì cì lìshǐ biàngé,
保险丝 已经 有一百 多 年 的 历史，主要 经历过 四次 历史 变革，

cóng zuìchū wèile bǎohù báichìdēng de jīnshǔ héjīn dǎoxiàn kāishǐ, dào xiànzài de wēixíng tiēpiàn
从最初 为了 保护 白炽灯 的 金属 合金 导线 开始，到 现在 的 微型 贴片

bǎoxiǎnsī, fāzhǎn jíqí xùnsù. Tā zhǔyào yìngyòng yú tōngxìn lǐngyù、 jìsuànjī lǐngyù、
保险丝，发展 极其 迅速。它 主要 应用 于 通信领域、计算机领域、

shìtīng shèbèi、 xiǎojiādiàn děngděng. Suízhe diànzǐ yuánqìjiàn de xiǎoxínghuà hé tiēpiànhuà,
视听设备、 小家电 等等。 随着 电子元器件 的 小型 化 和 贴片化，

bǎoxiǎnsī yě zǒuxiàng xiǎoxíng tiēpiànhuà.
保险丝 也 走向 小型 贴片化。

译文 yìwén Text in English

Fuses have a history of over 100 years and have undergone four major historical changes. From the initial metal alloy conducting wires to protect incandescent lamps, to the current SMD (Surface Mount Device) fuses, fuses have been developing rapidly. They are mainly applied in the fields of communication, computers, audiovisual equipment, small household appliances, and so on. With the miniaturization and SMT (Surface Mount Technology) of electronic components, fuses are also moving towards miniaturized SMD.

普通词语 pǔtōng cíyǔ General Vocabulary 🎧 02-05

1.	已经	yǐjīng	adv.	already
2.	多	duō	adv.	(used after a numeral) over
3.	年	nián	m.	used to count the number of years
4.	历史	lìshǐ	n.	history
5.	经历	jīnglì	v.	undergo
6.	过	guo	part.	used after a verb to indicate the completion of an action
7.	次	cì	m.	time
8.	变革	biàngé	v.	change, transform
9.	最初	zuìchū	n.	the very beginning
10.	为了	wèile	prep.	for
11.	极其	jíqí	adv.	extremely
12.	迅速	xùnsù	adj.	rapid
13.	于	yú	prep.	(of time/place) in, at
14.	通信	tōngxìn	n.	communication
15.	视听	shìtīng	n.	audiovisual
16.	小家电	xiǎojiādiàn	n.	small household appliance
17.	随着	suízhe	prep.	(along) with
18.	走向	zǒuxiàng	phr.	move towards

专业词语 zhuānyè cíyǔ Specialized Vocabulary 🎧 02-06

1.	白炽灯	báichìdēng	n.	incandescent lamp
2.	金属合金导线	jīnshǔ héjīn dǎoxiàn	phr.	metal alloy wire
3.	微型贴片	wēixíng tiēpiàn	phr.	mini SMD
4.	电子元器件	diànzǐ yuánqìjiàn	phr.	electronic component
5.	小型化	xiǎoxínghuà	v.	miniaturize
6.	贴片化	tiēpiànhuà	v.	surface mount

三、视听说 shì-tīng-shuō Viewing, Listening and Speaking

观看介绍保险丝的基本构成和各部分作用的视频，先给保险丝的不同部分选择正确的名称，然后选择各部分的作用，并说说保险丝三个部分的作用。Watch the video introducing the basic components and functions of fuses. First, choose the correct names for the different parts of fuses, then choose the functions of each part, and talk about the functions of the three parts of fuses.

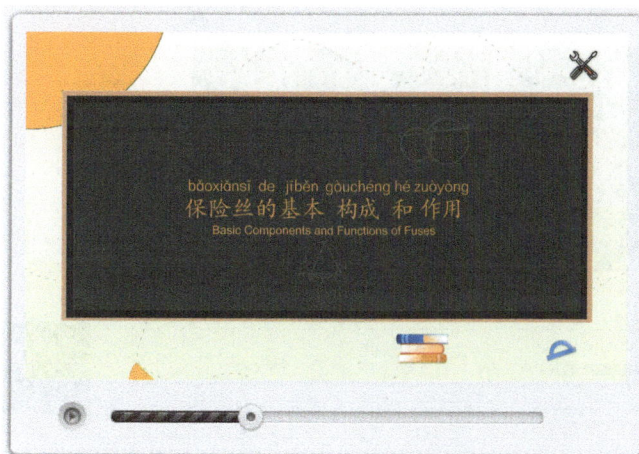

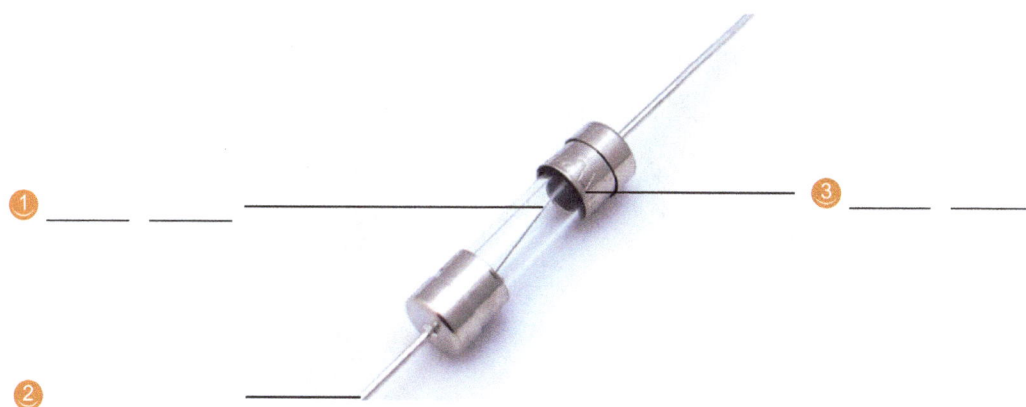

① _____ _____

③ _____ _____

② _____ _____

róngtǐ	diànjí	zhījià
A. 熔体	B. 电极	C. 支架
fuse element	electrode	holder

jiāng róngtǐ gùdìng,　 shǐ sān bùfen chéngwéi gāngxìng de zhěngtǐ, biànyú ānzhuāng、 shǐyòng
a. 将 熔体固定，使三部分 成为　刚性 的整体，便于 安装 、使用
　　fix the fuse element and make the three parts into a rigid whole for easy installation and use

bǎoxiǎnsī de héxīn,　róngduàn shí qiēduàn diànliú
b. 保险丝的核心，熔断 时 切断 电流
　　the core of a fuse, cutting off the power supply when it fuses

róngtǐ hé diànlù liánjiē de zhòngyào bùjiàn
c. 熔体和电路连接的 重要 部件
　　an important part to connect the fuse element with the circuit

四、学以致用　xuéyǐzhìyòng　Practicing What You Have Learnt

观看介绍保险丝的不同类型及适用场合的视频，先根据图片选择相应的名称，然后选择合适的使用场合。

Watch the video introducing different types of fuses and their applicable occasions. Choose the corresponding names based on the pictures and then choose the appropriate applicable occasions.

bǎoxiǎnsī de bù tóng lèixíng jí shìyòng chǎnghé
保险丝的不同 类型及 适用 场合
Different Types of Fuses and Their Applicable Occasions

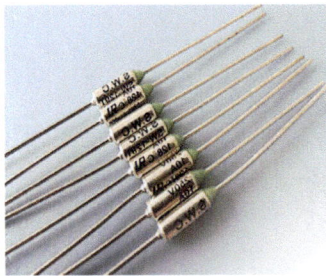

① ＿＿＿＿＿＿ ＿＿＿＿＿＿

② ＿＿＿＿＿＿ ＿＿＿＿＿＿

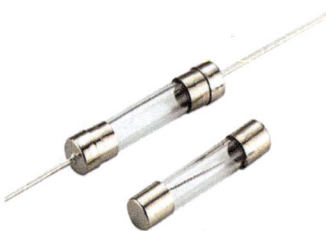

③ ＿＿＿＿＿＿ ＿＿＿＿＿＿

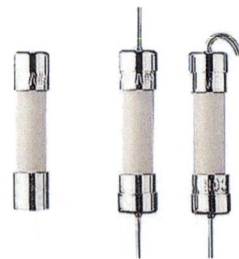

④ ＿＿＿＿＿＿ ＿＿＿＿＿＿

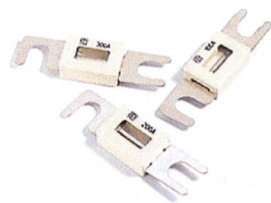

⑤ ＿＿＿＿＿＿ ＿＿＿＿＿＿

⑥ ＿＿＿＿＿＿ ＿＿＿＿＿＿

A.
táocíguǎnzhuàng bǎoxiǎnsī
陶瓷管状 保险丝
ceramic tube fuses

B.
sùjiāopiànzhuàng dài jīnshǔpiànzhuàng jiējiǎo
塑胶片状 带 金属片状 接脚
plastic sheet fuses with metal sheet

C.
piànzhuàng bǎoxiǎnsī
片状 保险丝
plate fuses

D.
bōliguǎnzhuàng bǎoxiǎnsī
玻璃管状 保险丝
glass tube fuses

E.
SMD tiēpiànzhuàng bǎoxiǎnsī
SMD 贴片状 保险丝
SMD fuses

F.
tiáosīzhuàng bǎoxiǎnsī
条丝状 保险丝
filament fuses

a.
kě bìmiǎn bōli bàozhà
可避免玻璃爆炸
can be used to avoid the explosion of glass

b.
duō yòngyú tǐjī wēixiǎo de gè lèi diànzǐ chǎnpǐn
多 用于体积微小的各类电子产品
usually used in various compact electronic products

c.
yòngyú jiùshì kāiguān、 chāzuò
用于旧式开关、插座
used in old-type switches and sockets

d.
bǐ jiùshì sīzhuàng fāngbiàn shǐyòng
比旧式 丝状 方便 使用
easier to use than old-type filament fuses

e.
cháng yòngyú diànzǐ chǎnpǐn
常 用于电子产品
usually used in electronic products

f.
duō yòngyú qìchē zhōng
多用于 汽车 中
mainly used in automobiles

五、小知识 xiǎo zhīshi Tips

Bǎoxiǎnsī de yóulái
保险丝的由来

Yìbǎi duō nián qián, yóu Àidíshēng fāmíng de bǎoxiǎnsī zhǔyào yòngyú bǎohù dāngshí ángguì
一百多年前，由爱迪生发明的保险丝主要 用于保护当时 昂贵
de báichìdēng. Suízhe shídài de fāzhǎn, bǎoxiǎnsī kěyǐ bǎohù diànlì shèbèi bú shòu guòdiànliú
的白炽灯。随着时代的发展，保险丝可以保护电力设备不受 过电流
guòrè de shānghài, bìmiǎn diànzǐ shèbèi yīn nèibù gùzhàng yǐnqǐ de yánzhòng shānghài.
过热的 伤害，避免电子设备因内部故障引起的 严重 伤害。

Origin of Fuses

One hundred years ago, fuses were invented by Edison and were used to protect the expensive incandescent lamps at that time. With the development of the times, fuses are used to protect electrical equipment from over-current and overheat so as to prevent electrical equipment from serious damage resulting from internal faults.

第二部分　Part 2

汉字　Chinese Characters

一、汉字知识　Hànzì zhīshi　Knowledge about Chinese Characters

汉字的偏旁（2）　Radicals of Chinese characters (2)

偏旁 Radicals	例字 Examples	部件组合 Combinations	结构图示 Illustrations
氵	汽	氵＋气	
	法	氵＋去	
	汉	氵＋又	
	洗	氵＋先	
	澡	氵＋喿	
	没	氵＋殳	
讠	语	讠＋吾	
	课	讠＋果	
	请	讠＋青	
	谢	讠＋射	
	词	讠＋司	
	谁	讠＋隹	
	认	讠＋人	
	识	讠＋只	
艹	节	艹＋卩	
	英	艹＋央	
	花	艹＋化	
	苹	艹＋平	
	蕉	艹＋焦	
辶	远	辶＋元	
	这	辶＋文	
	运	辶＋云	
	道	辶＋首	

（续表）

偏旁 Radicals	例字 Examples	部件组合 Combinations	结构图示 Illustrations
辶	边	辶 + 力	凵
	选	辶 + 先	凵
	还	辶 + 不	凵

二、汉字认读与书写　Hànzì rèndú yǔ shūxiě　The Recognition and Writing of Chinese Characters

认读下列词语，并试着读写构成词语的汉字。**Recognize the following words, and try to read and write the Chinese characters forming these words.**

电流　　试听　　节省　　过载

电			流			试			听		
节			省			过			载		

第三部分　Part 3

日常用语　*Daily Expressions*

❶ 你一个人来吗？　Nǐ yí gè rén lái ma? Are you by yourself?

❷ 你没有问题吧？　Nǐ méiyǒu wèntí ba? All right with you?

❸ 你在跟我开玩笑吧？　Nǐ zài gēn wǒ kāi wánxiào ba? Are you kidding me?

第四部分　Part 4

单元实训　*Unit Practical Training*

保险丝的安装
Installation of Fuses

实训目的 Training purpose

通过本次实训，学生能够认识保险丝的不同种类和作用，能够将保险丝装入熔断器里。

Through this practical training, students will be able to understand the different types and functions of fuses, and be able to mount fuses in fuse holders.

实训组织 Training organization

每组 6 人，另设一人为主持人。

Each group consists of six people, and appoints another person as the host.

实训步骤 Training steps

① 教师讲解本次实训要点。

The teacher explains the key points of the training.

② 主持人念出保险丝的名字，学生找到正确的保险丝，最后找对次数最多的小组获胜。

The host reads out the names of the fuses and asks the students to find the right fuses. The group with the most correct answers wins the game.

③ 进入车间，给学生分发保险丝、熔断器。

After entering the workshop, each student is distributed fuses and fuse holders.

④ 学生观察玻璃管状保险丝，将保险丝安装到熔断器里。

The students observe glass tube fuses and mount them in the fuse holders.

⑤ 教师点评。

The teacher makes a comment.

第五部分　Part 5

单元小结　Unit Summary

普通词语　General Vocabulary

cíyǔ
词语
Vocabulary

1.	被	bèi	prep.	*used in a passive sentence to introduce the agent/doer*
2.	标准	biāozhǔn	n.	standard
3.	将	jiāng	prep.	*used to introduce the object before the verb*
4.	定义	dìngyì	v.	define
5.	其	qí	pron.	its
6.	作用	zuòyòng	n.	function
7.	保护	bǎohù	v.	protect
8.	只要	zhǐyào	conj.	as long as
9.	正确	zhèngquè	adj.	correct
10.	安置	ānzhì	v.	place, put
11.	异常	yìcháng	adj.	abnormal
12.	升高	shēnggāo	phr.	rise
13.	高度	gāodù	n.	height
14.	热度	rèdù	n.	heat
15.	时候	shíhou	n.	(a point in) time
16.	自身	zìshēn	n.	oneself
17.	切断	qiēduàn	phr.	cut off
18.	运行	yùnxíng	v.	run, operate
19.	已经	yǐjīng	adv.	already

20.	多	duō	adv.	*(used after a numeral)* over
21.	年	nián	m.	*used to count the number of years*
22.	历史	lìshǐ	n.	history
23.	经历	jīnglì	v.	undergo
24.	过	guo	part.	*used after a verb to indicate the completion of an action*
25.	次	cì	m.	time
26.	变革	biàngé	v.	change, transform
27.	最初	zuìchū	n.	the very beginning
28.	为了	wèile	prep.	for
29.	极其	jíqí	adv.	extremely
30.	迅速	xùnsù	adj.	rapid
31.	于	yú	prep.	(of time/place) in, at
32.	通信	tōngxìn	n.	communication
33.	视听	shìtīng	n.	audiovisual
34.	小家电	xiǎojiādiàn	n.	small household appliance
35.	随着	suízhe	prep.	(along) with
36.	走向	zǒuxiàng	phr.	move towards

cíyǔ
词语
Vocabulary

专业词语　Specialized Vocabulary

1.	保险丝	bǎoxiǎnsī	n.	fuse
2.	熔断体	róngduàntǐ	n.	fuse link
3.	过载	guòzài	v.	overload
4.	电路	diànlù	n.	circuit
5.	熔断	róngduàn	phr.	fuse
6.	白炽灯	báichìdēng	n.	incandescent lamp
7.	金属合金导线	jīnshǔ héjīn dǎoxiàn	phr.	metal alloy wire
8.	微型贴片	wēixíng tiēpiàn	phr.	mini SMD
9.	电子元器件	diànzǐ yuánqìjiàn	phr.	electronic component
10.	小型化	xiǎoxínghuà	v.	miniaturize
11.	贴片化	tiēpiànhuà	v.	surface mount

	补充专业词语　Supplementary Specialized Vocabulary			
cíyǔ **词语** Vocabulary	1.	保险丝盒	bǎoxiǎnsīhé	n.	fuse box
	2.	电极	diànjí	n.	electrode
	3.	支架	zhījià	n.	holder
	4.	陶瓷	táocí	n.	pottery and porcelain
	5.	塑胶	sùjiāo	n.	plastic cement
	6.	接脚	jiējiǎo	n.	pin
	7.	插座	chāzuò	n.	socket

jùzi **句子** Sentences	1. 保险丝也被称为电流保险丝，其作用主要是过载保护。 2. 只要在电路中正确安置，保险丝就会在电流异常升高到一定高度和热度的时候，自身熔断切断电流，保护电路安全运行。 3. 保险丝已经有一百多年的历史，主要经历过四次历史变革。 4. 保险丝主要应用于通信领域、计算机领域、视听设备、小家电等等。 5. 随着电子元器件的小型化和贴片化，保险丝也走向小型贴片化。

Kōngqì kāiguān
空气开关
Air Switches

kōngqì kāiguān de lèixíng
空气 开关的类型
Types of Air Switches

1P kōngqì kāiguān
1P 空气 开关
1P Air Switches

2P kōngqì kāiguān
2P 空气 开关
2P Air Switches

3P kōngqì kāiguān
3P 空气 开关
3P Air Switches

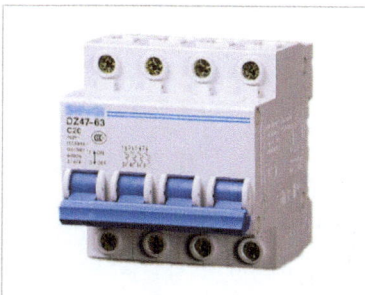

4P kōngqì kāiguān
4P 空气 开关
4P Air Switches

题解　Introduction

1. 学习内容：空气开关的基本类型、结构和应用领域。

   Learning content: The basic types, structures, and application fields of air switches

2. 知识目标：掌握与空气开关相关的关键词，了解汉字的偏旁"扌""木""纟""心""疋"，学写相关汉字。

   Knowledge objectives: To master the keywords related to air switches, understand the radicals of Chinese characters such as "扌", "木", "纟", "心", "疋", and learn to write the related Chinese characters

3. 技能目标：能够安装空气开关。

   Skill objective: To be able to install air switches

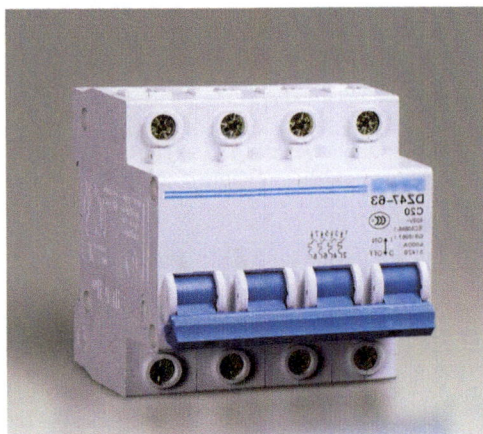

第一部分　Part 1

课文 Texts

一、**热身**　rèshēn　Warm-up

1. 给词语选择对应的图片。**Choose the corresponding picture for each word.**

A.

B.

C.

D.

❶ 2P　kōngqì kāiguān
2P 空气 开关 ＿＿＿＿＿＿＿＿
2P air switch

❷ 3P　kōngqì kāiguān
3P 空气 开关 ＿＿＿＿＿＿＿＿
3P air switch

❸ 4P　kōngqì kāiguān
4P 空气 开关 ＿＿＿＿＿＿＿＿
4P air switch

❹ 1P　kōngqì kāiguān
1P 空气 开关 ＿＿＿＿＿＿＿＿
1P air switch

2. 观看介绍空气开关外部结构的视频，将图中所指结构的字母填写在相应的横线上。**Watch the video introducing the external structure of the air switch and write the letters of the structure indicated in the picture on the corresponding lines.**

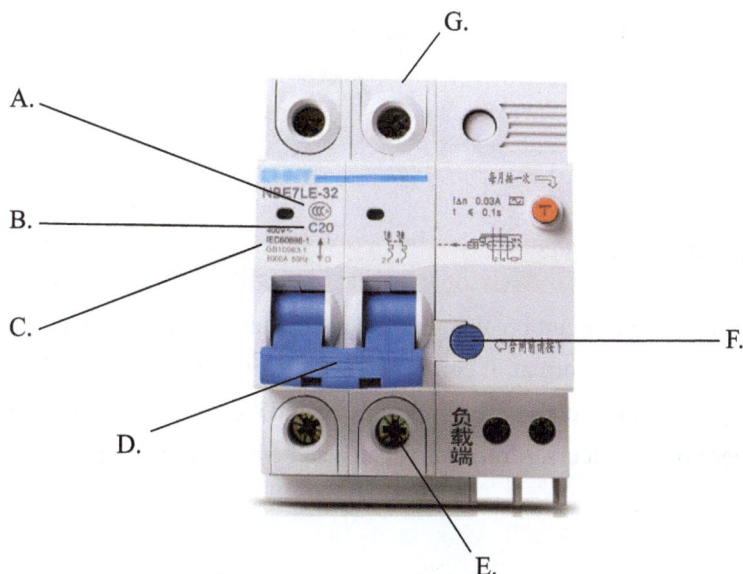

① 3C rènzhèng
3C 认证 _____
3C certification

② cāozuò shǒubǐng
操作 手柄 _____
operating handle

③ jǐngù luósī
紧固螺丝 _____
tightening screw

④ xiǎnyǎn zhǐshì ànniǔ
显眼指示按钮 _____
conspicuous indicator button

⑤ zhíxíng biāozhǔn
执行 标准 _____
executive standard

⑥ édìng diànliú
额定电流 _____
rated current

⑦ jiēxiàn duānzǐ
接线端子 _____
terminal block

二、课文　kèwén　Texts

A 🎧 03-01

Kōngqì kāiguān, yòu míng kōngqì duànlùqì, shì yì zhǒng zhǐyào diànlù zhōng diànliú chāoguò
空气开关，又名 空气断路器，是一种 只要电路 中 电流 超过

édìng diànliú jiù huì zìdòng duànkāi de kāiguān. Tā jí kòngzhì hé duō zhǒng bǎohù gōngnéng yú yìshēn.
额定电流就会自动 断开的开关。它集控制和多 种 保护 功能 于一身。

Chú néng wánchéng jiēchù hé fēnduàn diànlù wài, hái néng zài chūxiàn duǎnlù、 yánzhòng guòzài jí
除能 完成 接触和分断电路外，还能在出现短路、严重 过载及

qiàn diànyā shí bǎohù diànlù huò diànqì shèbèi, tóngshí yě kěyǐ yòngyú bù pínfán de qǐdòng
欠 电压时保护电路或电气设备，同时也可以 用于 不频繁地启动

diàndòngjī.
电动机。

Air switch, also known as air circuit breaker, is a kind of switch which can break automatically when the circuit current exceeds the rated current. It combines control with multiple protection functions. Besides connecting and breaking circuit, it can also protect the circuit and electrical equipment when a short circuit, severe overload or under-voltage occurs. Moreover, it can also be used to start a motor infrequently.

普通词语 pǔtōng cíyǔ General Vocabulary 🎧 03-02

1.	又	yòu	adv.	also
2.	名	míng	v.	be known as
3.	超过	chāoguò	v.	exceed
4.	自动	zìdòng	adv.	automatically
5.	集……于一身	jí…yú yìshēn	phr.	combine with
6.	功能	gōngnéng	n.	function
7.	除……外	chú…wài	phr.	besides
8.	出现	chūxiàn	v.	occur
9.	严重	yánzhòng	adj.	severe
10.	频繁	pínfán	adj.	frequent
11.	地	de	part.	*used after an adjective/a phrase to form an adverbial adjunct before the verb*
12.	启动	qǐdòng	v.	start

专业词语 zhuānyè cíyǔ Specialized Vocabulary 🎧 03-03

1.	空气开关	kōngqì kāiguān	phr.	air switch
	空气	kōngqì	n.	air
2.	空气断路器	kōngqì duànlùqì	phr.	air circuit breaker
3.	额定	édìng	adj.	rated
4.	分断	fēnduàn	v.	break, disconnect
5.	欠电压	qiàn diànyā	phr.	under-voltage

B 🎧 03-04

Zìdòng kōngqì kāiguān yǒu DW xìliè (chēngwéi kuàngjiàshì huò wànnéngshì) hé DZ xìliè
自动 空气开关 有DW系列 (称为 框架式 或 万能式)和 DZ 系列

(chēngwéi sùliào wàikéshì huò zhuāngzhìshì) liǎng zhǒng. DW xìliè zhǔyào yòngzuò pèidiàn wǎngluò
(称为 塑料外壳式或 装置式) 两 种。DW 系列主要 用作 配电 网络

de bǎohù kāiguān, hái kě bìmiǎn zhèngcháng gōngzuò tiáojiàn xià pínfán zhuǎnhuàn diànlù. DZ xìliè
的保护开关, 还可避免 正常 工作 条件下频繁 转换 电路。DZ 系列

zuòwéi pèidiàn wǎngluò de bǎohù kāiguān, yě kě zuò diànjī、 zhàomíng diànlù de kòngzhì kāiguān.
作为 配电 网络的保护开关, 也可做电机、照明 电路的控制 开关。

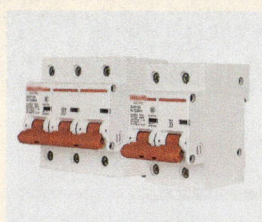

译文 yìwén Text in English

There are two types of automatic air switches: DW series (referred to as the frame type or universal type) and DZ series (referred to as the plastic shell type or device type). DW series is mainly used as a protective switch for power distribution networks, and it can also avoid frequent circuit switching under normal working conditions. DZ series is not only used as a protection switch for distribution networks, it can also be used as a control switch for motors and lighting circuits.

普通词语 pǔtōng cíyǔ General Vocabulary 🎧 03-05

1.	系列	xìliè	n.	series
2.	正常	zhèngcháng	adj.	normal
3.	条件	tiáojiàn	n.	condition
4.	下	xià	n.	being under

专业词语 zhuānyè cíyǔ Specialized Vocabulary 🎧 03-06

1.	自动空气开关	zìdòng kōngqì kāiguān	phr.	automatic air switch
2.	框架式	kuàngjiàshì	n.	frame type
3.	万能式	wànnéngshì	n.	universal type
4.	塑料外壳式	sùliào wàikéshì	phr.	plastic shell type
5.	装置式	zhuāngzhìshì	n.	device type
6.	配电网络	pèidiàn wǎngluò	phr.	power distribution network
7.	保护开关	bǎohù kāiguān	phr.	protection switch
8.	照明电路	zhàomíng diànlù	phr.	lighting circuit

三、视听说 shì-tīng-shuō Viewing, Listening and Speaking

观看介绍空气开关的结构和用途的视频，先根据图片选择空气开关的类型，再选择它们的适用场合，最后说说不同的空气开关的适用场合。**Watch the video introducing the structure and purpose of air switches. First, choose the types of air switches based on the pictures, then choose their applicable occasions, and finally talk about the different occasions they are used in.**

空气 开关 的 结构 和 用途
kōngqì kāiguān de jiégòu hé yòngtú
Structures and Functions of Air Switches

① _____ _____

② _____ _____

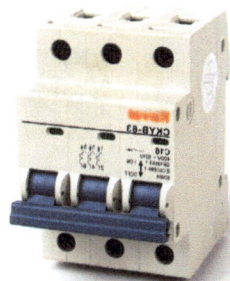

③ _____ _____

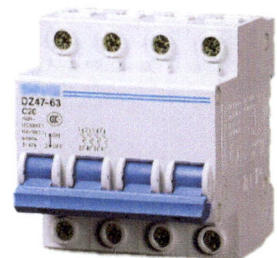

④ _____ _____

A. 3P   B. 2P   C. 4P   D. 1P

shìyòng yú zhàomíng huò xiǎo gōnglǜ de 220V diànqì
a. 适用于 照明 或 小 功率的 220V 电器

suitable for lighting or low-power 220V electrical appliances

yìbān yòngyú 220V diàndòngjī
b. 一般用于 220V 电动机

generally used for 220V motors

shìyòng yú dài língxiàn de 380V diànqì huò zuò zǒngkāiguān
c. 适用 于带零线的 380V 电器或做 总开关

suitable for 380V electrical appliances with null lines or as master switches

yìbān yòngyú 380V diànqì
d. 一般用于 380V 电器

generally used for 380V electrical appliances

四、学以致用　xuéyǐzhìyòng　Practicing What You Have Learnt

观看介绍保险丝和空气开关区别的视频，连线。**Watch the video introducing the differences between fuses and air switches, and match the parts on the left with those on the right.**

bǎoxiǎnsī hé kōngqì kāiguān de qūbié
保险丝和空气开关的区别
Differences Between Fuses and Air Switches

yícìxìng bǎohù zhuāngzhì
A. 一次性保护 装置
disposable protective device

fāngbiàn jiǎndān,   búyì duàndiàn
B. 方便 简单，不易 断电
convenient, simple, and not likely to result in power outage

bǎoxiǎnsī
① 保险丝
fuse

kě zài lìyòng
C. 可再利用
reusable

xū gēnghuàn, duō cì shǐyòng huì jiēchù bùliáng
D. 需 更换，多次 使用 会接触不良
need to be replaced, and may result in poor contact if used for many times

fǎnyìng kuài
E. 反应 快
quick response

kōngqì kāiguān
② 空气 开关
air switch

diànliú dà shí kěyǐ tiàokāi
F. 电流大时可以跳开
trip off when there is high current

fǎnyìng jiào màn
G. 反应较 慢
slow response

diànliú dà shí zhǐ néng shāoduàn
H. 电流大时只 能 烧断
have to be burnt-out when there is high current

五、小知识　xiǎo zhīshi　Tips

Kōngqì kāiguān shang de T ànniǔ
空气 开关 上 的 T 按钮

T ànniǔ shì shìyàn ànniǔ,　měi gè yuè àn yí xià,　cèshì lòudiàn bǎohù gōngnéng shìfǒu
T 按钮是试验按钮，每个月按一下，测试漏电保护 功能 是否

zhèngcháng. Rúguǒ bǎohù zhèngcháng, àn xiaqu jiù huì tiàozhá;　rúguǒ lòudiàn bǎohù gōngnéng
正常。 如果保护 正常， 按下去就会跳闸；如果漏电保护 功能

shīxiào,　ànxià hòu bú huì tiàozhá,　xūyào mǎshàng gēnghuàn lòudiàn kōngqì kāiguān.
失效，按下后不会跳闸，需要马上 更换 漏电空气开关。

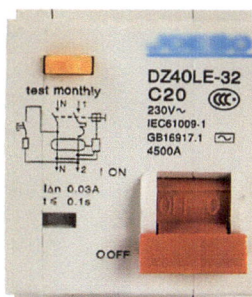

The T Button on an Air Switch

The T button is a test button that is pressed once a month to test whether the leakage protection function is normal. If the protection is normal, pressing it will trip; if the leakage protection function fails, pressing it will not trip, and the air switch needs to be replaced immediately.

第二部分　Part 2

汉字 *Chinese Characters*

一、汉字知识　Hànzì zhīshi　Knowledge about Chinese Characters

汉字的偏旁（3）　Radicals of Chinese characters (3)

偏旁 Radicals	例字 Examples	部件组合 Combinations	结构图示 Illustrations
扌	打	扌＋丁	▯▯
	拾	扌＋合	▯▯
	报	扌＋艮	▯▯
	找	扌＋戈	▯▯
	排	扌＋非	▯▯
	搬	扌＋般	▯▯

（续表）

偏旁 Radicals	例字 Examples	部件组合 Combinations	结构图示 Illustrations
木	树	木 + 对	
	机	木 + 几	
	极	木 + 及	
	杯	木 + 不	
	校	木 + 交	
	样	木 + 羊	
纟	经	纟 + 至	
	红	纟 + 工	
	绿	纟 + 录	
	绒	纟 + 戎	
心	怎	乍 + 心	
	想	相 + 心	
	态	太 + 心	
	感	咸 + 心	
	您	你 + 心	
𧾷	路	𧾷 + 各	
	跟	𧾷 + 艮	
	踢	𧾷 + 易	
	跑	𧾷 + 包	

二、汉字认读与书写　Hànzì rèndú yǔ shūxiě　The Recognition and Writing of Chinese Characters

认读下列词语，并试着读写构成词语的汉字。**Recognize the following words, and try to read and write the Chinese characters forming these words.**

接触　　框架　　网络　　总开关　　断路器

接			触			框			架		
网			络								
总			开			关					
断			路			器					

第三部分　Part 3

日常用语 *Daily Expressions*

❶ 如果你们方便的话，我想现在讨论一下儿日程安排的问题。Rúguǒ nǐmen fāngbiàn dehuà, wǒ xiǎng xiànzài tǎolùn yíxiàr rìchéng ānpái de wèntí. If it is convenient for you, I'd like to discuss the schedule now.

❷ 哪一天都可以？　Nǎ yì tiān dōu kěyǐ? Any day will do?

第四部分　Part 4

单元实训 *Unit Practical Training*

空气开关的安装
Installation of Air Switches

实训目的 Training purpose

通过本次实训，学生能够认识空气开关的不同种类和作用，能够给空气开关接线。

Through this practical training, students will be able to understand the different types and functions of air switches, and be able to wire air switches.

实训组织 Training organization

每组 6 人，另设一人为主持人。

Each group consists of six people, and appoints another person as the host.

实训步骤 Training steps

❶ 教师讲解本次实训要点。

The teacher explains the key points of the practical training.

❷ 主持人念出空气开关的名字，学生找到正确的空气开关，最后找对次数最多的小组获胜。

The host reads out the names of the air switches, and asks the students to find the right air switches. The group with the most correct answers wins.

❸ 进入车间，给学生分发空气开关。

After entering the workshop, the students are distributed air switches.

❹ 学生观察空气开关的结构，然后给空气开关接线。

The students observe the structures of air switches and then wire the air switches.

❺ 教师点评。

The teacher makes a comment.

第五部分　Part 5

单元小结　*Unit Summary*

cíyǔ
词语
Vocabulary

普通词语　General Vocabulary

1.	又	yòu	adv.	also
2.	名	míng	v.	be known as
3.	超过	chāoguò	v.	exceed
4.	自动	zìdòng	adv.	automatically
5.	集……于一身	jí…yú yìshēn	phr.	combine with
6.	功能	gōngnéng	n.	function
7.	除……外	chú…wài	phr.	besides
8.	出现	chūxiàn	v.	occur
9.	严重	yánzhòng	adj.	severe
10.	频繁	pínfán	adj.	frequent
11.	地	de	part.	*used after an adjective/a phrase to form an adverbial adjunct before the verb*
12.	启动	qǐdòng	v.	start
13.	系列	xìliè	n.	series
14.	正常	zhèngcháng	adj.	normal
15.	条件	tiáojiàn	n.	condition
16.	下	xià	n.	being under

专业词语　Specialized Vocabulary

1.	空气开关	kōngqì kāiguān	phr.	air switch
	空气	kōngqì	n.	air
2.	空气断路器	kōngqì duànlùqì	phr.	air circuit breaker
3.	额定	édìng	adj.	rated
4.	分断	fēnduàn	v.	break, disconnect
5.	欠电压	qiàn diànyā	phr.	under-voltage
6.	自动空气开关	zìdòng kōngqì kāiguān	phr.	automatic air switch
7.	框架式	kuàngjiàshì	n.	frame type
8.	万能式	wànnéngshì	n.	universal type
9.	塑料外壳式	sùliào wàikéshì	phr.	plastic shell type
10.	装置式	zhuāngzhìshì	n.	device type
11.	配电网络	pèidiàn wǎngluò	phr.	power distribution network
12.	保护开关	bǎohù kāiguān	phr.	protection switch
13.	照明电路	zhàomíng diànlù	phr.	lighting circuit

补充专业词语　Supplementary Specialized Vocabulary

	cíyǔ **词语** Vocabulary	1.	认证	rènzhèng	v.	authenticate
	2.	操作手柄	cāozuò shǒubǐng	phr.	operating handle
	3.	紧固螺丝	jǐngù luósī	phr.	tightening screw
	4.	指示按钮	zhǐshì ànniǔ	phr.	indicator button
	5.	执行标准	zhíxíng biāozhǔn	phr.	executive standard
	6.	功率	gōnglù	n.	rate of work
	7.	试验按钮	shìyàn ànniǔ	phr.	testing button
	8.	闸刀	zhádāo	n.	knife switch

jùzi 句子 Sentences

1. 空气开关，又名空气断路器，是一种只要电路中电流超过额定电流就会自动断开的开关。
2. 空气开关集控制和多种保护功能于一身。
3. 除能完成接触和分断电路外，还能在出现短路、严重过载及欠电压时保护电路或电气设备，同时也可以用于不频繁地启动电动机。
4. 自动空气开关有 DW 系列和 DZ 系列两种。
5. DW 系列主要用作配电网络的保护开关，还可避免正常工作条件下频繁转换电路。
6. DZ 系列作为配电网络的保护开关，也可做电机、照明电路的控制开关。

4

Chātóu yǔ chāzuò
插头与插座
Plugs and Sockets

zhèngquè shǐyòng chātóu yǔ chāzuò
正确 使用 插头与插座
Use the Plugs and Sockets Properly

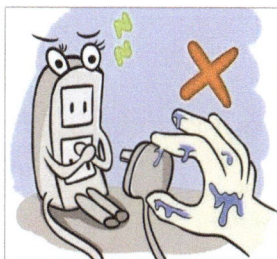

bìmiǎn shī shǒu chā bá chātóu
避免 湿 手 插拔插头
Avoid Plugging and Unplugging with Wet Hands

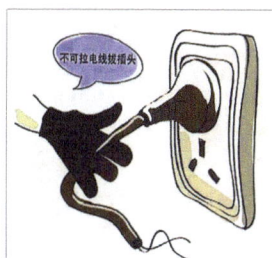

jìnzhǐ shǒu niēzhe diànyuánxiàn bá chātóu
禁止手 捏着 电源线 拔插头
It is Prohibited to Hold the Power Cord and Pull the Plug

bìmiǎn jiù chāzuò chāoqī fúyì
避免 旧插座 超期 服役
Avoid Overdue Service of Old Sockets

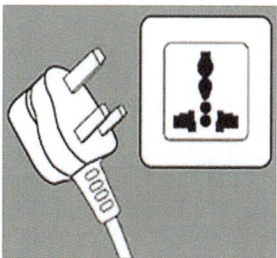

chātóu cháng cāshì
插头 常 擦拭
The Plugs Should Often Be Wiped

qièjì gǎibiàn chātóu de chǐcùn yǔ xíngzhuàng
切忌 改变 插头的尺寸与 形状
Do Not Change the Size and Shape of the Plug

búyào zài yí gè chāzuò shang tóngshí shǐyòng liǎng gè
不要在一个插座 上 同时 使用 两个
gōnglǜ jiào dà de diànqì
功率 较大的电器
Do Not Use Two High-power Electrical Appliances

in One Socket at the Same Time

题解　Introduction

1. 学习内容：插头与插座的基本类型、结构及应用领域。

   Learning content: The basic types, structures, and application fields of plugs and sockets

2. 知识目标：掌握与插头及插座相关的关键词，了解汉字的偏旁 "阝(左)" "宀" "又" "月" "钅" "王"，学写相关汉字。

   Knowledge objectives: To master the keywords related to plugs and sockets, understand the radicals of Chinese characters such as "阝 (left)", "宀", "又", "月", "钅", "王", and learn to write the related Chinese characters

3. 技能目标：能够安装并正确使用插头与插座。

   Skill objective: To be able to install and correctly use plugs and sockets

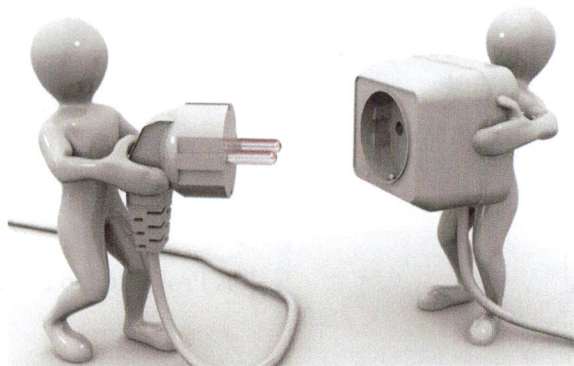

第一部分　Part 1

课文 *Texts*

一、热身　rèshēn　Warm-up

1. 给词语选择对应的图片。**Choose the corresponding picture for each word.**

A.

B.

C.

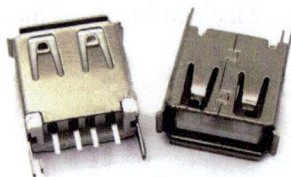

D.

5P hángkōng chātóu jí chāzuò
❶ 5P 航空 插头及插座 _____
5P aviation plug and socket

USB chātóu jí chāzuò
❷ USB 插头及插座 _____
USB plug and socket

jiēxiànbǎn
❸ 接线板 _____
wiring board

sānjiǎo chātóu jí chāzuò
❹ 三脚 插头及插座 _____
three-pin plug and socket

2. 观看介绍两脚插头和三脚插头区别的视频，将下面的图片分类，将相应的字母填到横线上。

Watch the video introducing the differences between two-pin plugs and three-pin plugs, classify the following pictures, and write the corresponding letters on the lines.

liǎngjiǎo chātóu hé sānjiǎo chātóu de qūbié
两脚 插头和三脚 插头的区别
Differences between Two-pin Plugs and Three-pin Plugs

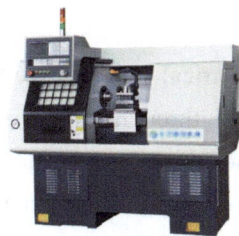

A.

B.

C.

D.

kěyǐ shǐyòng liǎngjiǎo chātóu
❶ 可以使用 两脚 插头 _____
two-pin plugs can be used

bìxū shǐyòng sānjiǎo chātóu
❷ 必须使用 三脚 插头 _____
three-pin plugs must be used

二、课文　kèwén　Texts

A 🎧 04-01

Yìbān diànzǐ chǎnpǐn de liánjiētóu yǔ diànqì yòngpǐn chāxiāo chēngwéi chātóu. Ér chāzuò
一般 电子产品 的 连接头 与 电气用品 插销 称为 插头。 而 插座

shì zhǐ yǒu yí gè huò yí gè yǐshàng diànlù jiēxiàn kě chārù de zuò, tōngguò tā kě chārù gèzhǒng
是 指 有 一个 或 一个 以上 电路 接线 可 插入 的 座，通过 它 可 插入 各种

jiēxiàn. Èr zhě de chǐcùn hé xíngzhuàng bìxū xiānghù pèitào. Jiāyòng jiāoliú diànyuán chātóu yǒu
接线。二者 的 尺寸 和 形状 必须 相互 配套。家用 交流 电源 插头 有

bàngzhuàng huò tóngbǎnzhuàng tūchū de gōngjiētóu, yǐ wùlǐ fāngshì chārù yǒu chācáo de mǔjiētóu
棒状 或 铜板状 突出 的 公接头，以 物理 方式 插入 有 插槽 的 母接头

xíng de diànyuán chāzuò.
型 的 电源 插座。

译文 yìwén Text in English

　　The connectors of general electronic products and the pins of electrical products are called plugs. The socket refers to a seat into which one or more circuit wires can be inserted, through which various wires can be inserted. The size and shape of the two must match each other. The household AC power plug has a rod-shaped or copperplate-shaped protruding male connector, which is physically inserted into a female connector-type power socket with a slot.

普通词语 pǔtōng cíyǔ General Vocabulary　🎧 04-02

1.	电子产品	diànzǐ chǎnpǐn	phr.	electrical product
2.	与	yǔ	conj.	and
3.	而	ér	conj.	*used to join clauses that show a contrast*
4.	插入	chārù	phr.	insert
5.	通过	tōngguò	prep.	through
6.	二者	èr zhě	phr.	both
7.	必须	bìxū	adv.	must
8.	配套	pèi//tào	v.	match
9.	家用	jiāyòng	adj.	household

10.	突出	tūchū	v.	protrude
11.	物理	wùlǐ	n.	physics
12.	方式	fāngshì	n.	way, manner
13.	型	xíng	n.	type

专业词语 zhuānyè cíyǔ Specialized Vocabulary　🎧 04-03

1.	连接头	liánjiētóu	n.	connector
2.	插销	chāxiāo	n.	pin
3.	插头	chātóu	n.	plug
4.	座	zuò	n.	seat
5.	交流电源	jiāoliú diànyuán	phr.	AC power supply
	交流	jiāoliú	n.	AC (alternating current)
6.	棒状	bàngzhuàng	n.	rod-shaped
7.	铜板状	tóngbǎnzhuàng	n.	copperplate-shaped
8.	公接头	gōngjiētóu	n.	male connector
9.	插槽	chācáo	n.	slot
10.	母接头	mǔjiētóu	n.	female connector

B 🎧 04-04

Chātóu ànzhào yòngtú kěyǐ fēnwéi: ěrjī chātóu、 DC chātóu、 yīnpín chātóu、
插头 按照 用途 可以 分为：耳机 插头、DC 插头、音频 插头、

USB chātóu、 shìpín chātóu、 màikèfēng chātóu、 chōngdiànqì chātóu、 shǒujī chātóu děng.
USB 插头、视频 插头、麦克风 插头、充电器 插头、手机 插头 等。

Àn xíngzhuàng kě fēnwéi liǎngjiǎo chātóu hé sānjiǎo chātóu. Sānjiǎo chātóu yǒu jiēdì bǎohù,
按 形状 可分为 两脚 插头 和 三脚 插头。三脚 插头 有 接地 保护，

ér liǎngjiǎo chātóu méiyǒu.
而 两脚 插头 没有。

ěrjī chātóu
耳机插头
headset plug

USB chātóu
USB 插头
USB plug

chōngdiànqì chātóu
充电器 插头
charger plug

译文 yìwén Text in English

By purpose, plugs can be divided into headset plugs, DC plugs, audio plugs, USB plugs, video plugs, microphone plugs, charger plugs, and mobile phone plugs, etc. By shape, plugs can be divided into two-pin plugs and three-pin plugs. Three-pin plugs have grounding protection, while two-pin plugs do not.

普通词语 pǔtōng cíyǔ General Vocabulary 🎧 04-05

1.	耳机	ěrjī	n.	headset
2.	音频	yīnpín	n.	audio
3.	视频	shìpín	n.	video
4.	麦克风	màikèfēng	n.	microphone
5.	充电器	chōngdiànqì	n.	charger

专业词语 zhuānyè cíyǔ Specialized Vocabulary 🎧 04-06

1.	两脚插头	liǎngjiǎo chātóu	phr.	two-pin plug
2.	三脚插头	sānjiǎo chātóu	phr.	three-pin plug
3.	接地保护	jiēdì bǎohù	phr.	grounding protection

三、视听说 shì-tīng-shuō Viewing, Listening and Speaking

观看介绍如何选择正确的插头与插座的视频。判断下列操作是否正确，对的打√，错的打×，并说说如何正确选择合适的插头和插座。**Watch the video introducing how to choose the right plug and socket. Decide if the following operations are right or wrong. Mark √ on the right ones and × on the wrong ones, and then talk about how to choose the right plug and socket.**

zhèngquè xuǎnzé chātóu yǔ chāzuò
正确 选择插头与插座
How to Choose the Right Plugs and Sockets

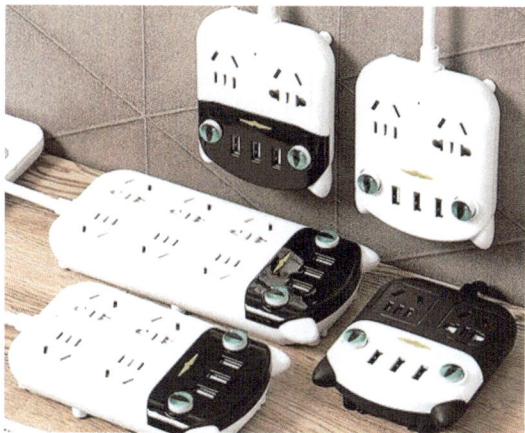

bìxū xuǎnzé zhèngguī gōngchǎng、chāoshì huò zhuānmàidiàn, xuǎnzé pǐnpái chǎnpǐn
① 必须选择 正规 工厂、 超市 或 专卖店 ， 选择 品牌 产品   （   ）
Must choose products from regular factories, supermarkets or exclusive shops, and choose brand products.

gēnjù shǐyòng diànqì de gōnglǜ xuǎnzé xiāngyìng（ pǐpèi ） de chǎnpǐn
② 根据使用 电器的功率 选择 相应（匹配）的 产品   （   ）
Choose the corresponding (matching) products according to the power of electrical appliances.

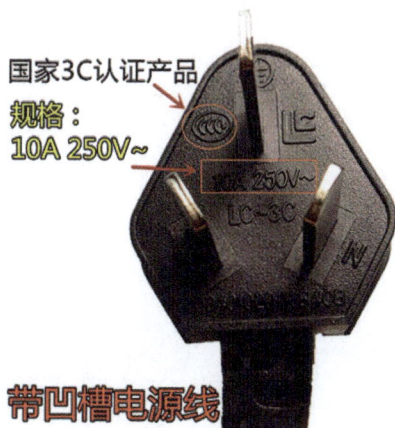

国家3C认证产品

规格：
10A 250V~

带凹槽电源线

xuǎnzé biāozhì qíquán de chǎnpǐn
③ 选择 标志 齐全 的 产品   （   ）
Choose products with complete marks.

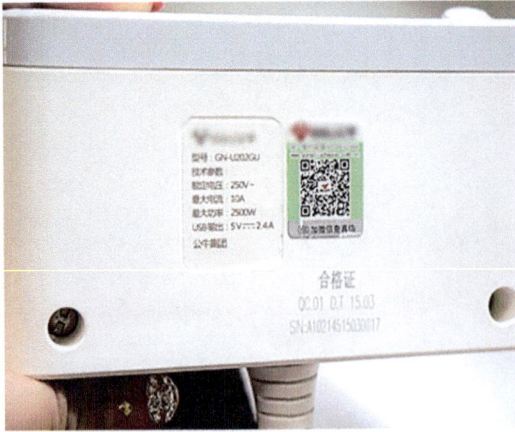

wúxū cháyuè chātóu chǎnpǐn hégézhèng
④ 无须查阅 插头 产品 合格证　　　　　　　　　　（　　）

No need to check the product certification of the plug.

xuǎnzé chātóu　chārù chāzuò hòu jiēchù liánghǎo de chǎnpǐn
⑤ 选择 插头 插入插座后接触良好 的 产品　　　　（　　）

Choose a product which is in good contact after the plug is inserted into the socket.

juéduì búyào　xuǎngòu chāxiāo kě xuánzhuǎn de chātóu　huò rénwéi gǎibiàn chātóu de xíngzhuàng
⑥ 绝对不要 选购 插销可 旋转 的插头 或人为 改变 插头的 形状　（　　）

Never buy a plug with rotatable pins or artificially change the shape of the plug.

四、学以致用　xuéyǐzhìyòng　Practicing What You Have Learnt

观看介绍插头和插座使用方法的视频，判断图片中的操作是否正确。对的打√，错的打 ×。**Watch the video introducing the usage of plugs and sockets, and decide whether the operations in the pictures are right or wrong. Mark √ on the right ones and mark × on the wrong ones.**

zhèngquè shǐyòng chātóu hé chāzuò
正确 使用 插头和插座
How to Use the Plugs and Sockets Correctly

bìmiǎn shī shǒu chā bá chātóu
① 避免湿手 插拔插头　　　　　　　　　　　　　　　　　　　（　　）
Avoid plugging and unplugging using wet hands.

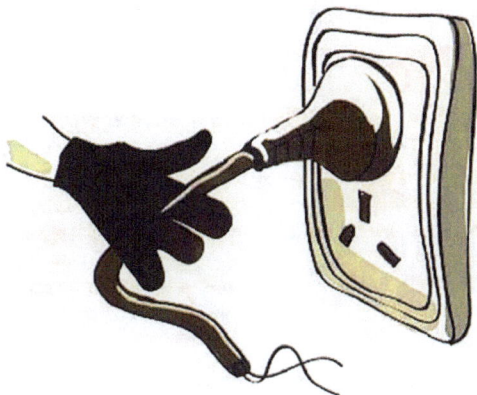

kěyǐ　lā diànxiàn bá chātóu
② 可以拉电线 拔插头　　　　　　　　　　　　　　　　　　　（　　）
It is allowed to unplug by pulling the wire.

chūxiàn yìcháng huò lǎohuà xiànxiàng shí yào jíshí gēnghuàn
❸ 出现 异常 或 老化 现象 时要及时 更换　　（　　）
In case of abnormality or aging, replace it in time.

chātóu cháng cāshì
❹ 插头 常 擦拭　　（　　）
Wipe the plug regularly.

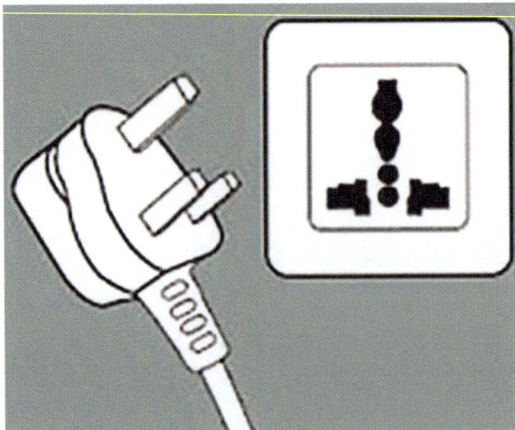

kěyǐ gǎibiàn chātóu de chǐcùn yǔ xíngzhuàng
❺ 可以 改变 插头的 尺寸 与 形状　　（　　）
The size and shape of the plug can be changed.

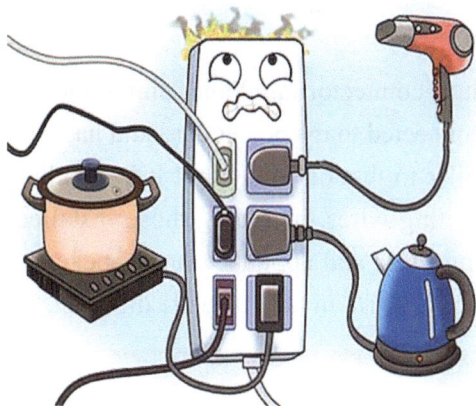

zài yí gè chāzuò shang kěyǐ tóngshí shǐyòng liǎng gè yǐshàng gōnglù jiào dà de diànqì
⑥ 在一个插座 上 可以同时 使用 两个以上 功率较大的电器　　　　　（　　）
Use more than two high-power electrical appliances in one socket at the same time.

五、小知识　xiǎo zhīshi　Tips

Diànyuánlèi chǎnpǐn
电源类 产品

Duìyú diànyuánlèi chǎnpǐn, tōngcháng yǒu sì gè míngcí: chātóu、 liánjiēqì、 qìjù shūrù
对于电源类 产品，通常 有四个名词：插头、连接器、器具输入

chāzuò hé chāzuò。 Qízhōng, liánjiēqì zhǐ yǔ diànyuánxiàn liánjiē qiě dàiyǒu mǔ chākǒng chātào de
插座和插座。其中，连接器指与 电源线 连接且带有母 插孔 插套的

bùfen. Qìjù shūrù chāzuò de zhuàngtài yǔ chātóu lèisì, dàn shì zhuāng zài diànqì qìjù děng
部分。器具输入插座的 状态与 插头类似，但是 装 在电器器具等

gùdìngtǐ shang de , ér bù liánxiàn, bāokuò zhuāng zài chāzuò běntǐ shang de. Zhè sì gè cí zhōng
固定体上 的 ，而不连线，包括 装 在插座本体上 的。这四个词中

wǒmen zìjǐ jīngcháng huì hùnxiáo liánjiēqì hé qìjù shūrù chāzuò, wǎngwǎng bǎ dài xiāozi de dōu
我们自己 经常 会混淆连接器和器具输入插座， 往往 把带销子的都

jiào chātóu, dài kǒng de dōu jiào chāzuò, dàn shíjìshàng èr zhě shì bù tóng de.
叫插头，带孔 的 都 叫插座，但实际上二者是不同 的。

Power Products

For power products, there are usually four nouns: plug, connector, appliance input socket, and socket. Among them, the connector refers to the part that is connected to the power cord and has a female socket sleeve. The state of the appliance input socket is similar to that of a plug, but it is installed into a fixed body such as an electrical appliance without connecting wires, including those installed into the socket body. In these four words, we often confuse connectors and appliance input sockets, often referring to those with pins as plugs and those with holes as sockets, but in fact, they are different.

第二部分　Part 2
汉字　*Chinese Characters*

一、汉字知识　Hànzì zhīshi　Knowledge about Chinese Characters

汉字的偏旁（4）Radicals of Chinese characters (4)

偏旁 Radicals	例字 Examples	部件组合 Combinations	结构图示 Illustrations
阝（左）	阿	阝＋可	
	院	阝＋完	
	陪	阝＋咅	
宀	宿	宀＋佰	
	家	宀＋豕	
	安	宀＋女	
	室	宀＋至	
	客	宀＋各	
	字	宀＋子	
	定	宀＋疋	
又	对	又＋寸	
	难	又＋隹	
	欢	又＋欠	
	友	𠂇＋又	
月	朋	月＋月	
	服	月＋𠬝	
	脑	月＋匘	
	期	其＋月	

（续表）

偏旁 Radicals	例字 Examples	部件组合 Combinations	结构图示 Illustrations
钅	银 错 钱 钟	钅＋艮 钅＋昔 钅＋戋 钅＋中	
王	玩 现 球 班	王＋元 王＋见 王＋求 王＋丿＋王	

二、汉字认读与书写　Hànzì rèndú yǔ shūxiě　The Recognition and Writing of Chinese Characters

认读下列词语，并试着读写构成词语的汉字。**Recognize the following words, and try to read and write the Chinese characters forming these words.**

家用　　插销　　铜绿　　麦克风

家				用				插				销			
铜				绿											
麦				克				风							

第三部分　Part 3

日常用语 *Daily Expressions*

❶ 尽可能快！　Jǐn kěnéng kuài! As soon as possible!

❷ 信不信由你！　Xìn bú xìn yóu nǐ! Believe it or not!

❸ 下次会更好！　Xià cì huì gèng hǎo! Better luck next time!

第四部分　Part 4

单元实训 *Unit Practical Training*

插头和插座的种类与作用
Types and Functions of Plugs and Sockets

实训目的 Training purpose

通过本次实训，学生能够认识不同种类的插头与插座，并熟悉它们的用途。

Through this practical training, students will be able to understand different types of plugs and sockets and become familiar with their uses.

实训组织 Training organization

每组 6 人，选举一人为组长。另设一人为主持人，一人为记分员。

Each group consists of six people, and elects a team leader. There is another person as the host and one as the scorekeeper.

实训步骤 Training steps

① 教师通过视频介绍插头与插座的种类与作用以及日常使用方法。

The teacher introduces the types and functions of plugs and sockets and their daily use methods through videos.

② 小组竞赛：教师用 PPT 展示插头与插座的图片，小组成员抢答其名称。教师讲解竞赛规则，宣布抢答活动开始。组长根据教师的提示计分，得分最多的小组获胜。

Group competition: The teacher uses PPT to show the pictures of plugs and sockets, and the group members compete to answer their names. The teacher explains the competition rules and announces the start of the competition. The team leader keeps the scores according to the teacher's prompts, and the group with the highest score wins.

③ 学生完成课堂学习以后进入车间，在教师的指导下，主持人展示插头，学生找到配套的插座，记分员根据主持人的提示计分。主持人根据最终得分宣布获胜者。

After the classroom learning, the students enter the workshop. Under the guidance of the teacher, the host demonstrates each plug and the students begin to find the matching socket. The scorekeeper keeps the scores according to the host's prompts. The host announces the winner based on the final scores.

④ 每个小组向全班介绍插头与插座的作用。

Each group introduces the use of plugs and sockets to the class.

⑤ 教师点评。

The teacher makes a comment.

第五部分　Part 5

单元小结　*Unit Summary*

普通词语　General Vocabulary

	cíyǔ **词语** Vocabulary			

1.	电子产品	diànzǐ chǎnpǐn	phr.	electrical product
2.	与	yǔ	conj.	and
3.	而	ér	conj.	*used to join clauses that show a contrast*
4.	插入	chārù	phr.	insert
5.	通过	tōngguò	prep.	through
6.	二者	èr zhě	phr.	both

7.	必须	bìxū	adv.	must
8.	配套	pèi//tào	v.	match
9.	家用	jiāyòng	adj.	household
10.	突出	tūchū	v.	protrude
11.	物理	wùlǐ	n.	physics
12.	方式	fāngshì	n.	way, manner
13.	型	xíng	n.	type
14.	耳机	ěrjī	n.	headset
15.	音频	yīnpín	n.	audio
16.	视频	shìpín	n.	video
17.	麦克风	màikèfēng	n.	microphone
18.	充电器	chōngdiànqì	n.	charger

专业词语　Specialized Vocabulary

1.	连接头	liánjiētóu	n.	connector
2.	插销	chāxiāo	n.	pin
3.	插头	chātóu	n.	plug
4.	座	zuò	n.	seat
5.	交流电源	jiāoliú diànyuán	phr.	AC power supply
	交流	jiāoliú	n.	AC (alternating current)
6.	棒状	bàngzhuàng	n.	rod-shaped
7.	铜板状	tóngbǎnzhuàng	n.	copperplate-shaped
8.	公接头	gōngjiētóu	n.	male connector
9.	插槽	chācáo	n.	slot
10.	母接头	mǔjiētóu	n.	female connector
11.	两脚插头	liǎngjiǎo chātóu	phr.	two-pin plug
12.	三脚插头	sānjiǎo chātóu	phr.	three-pin plug
13.	接地保护	jiēdì bǎohù	phr.	grounding protection

补充专业词语　Supplementary Specialized Vocabulary

1.	双层绝缘	shuāngcéng juéyuán	phr.	double insulation
2.	超期服役	chāoqī fúyì	phr.	overdue service
3.	铜绿	tónglǜ	n.	verdigris

cíyǔ
词语
Vocabulary

jùzi
句子
Sentences

1. 一般电子产品的连接头与电器用品插销称为插头。
2. 插头与插座的尺寸和形状必须相互配套。
3. 三脚插头有接地保护，而两脚插头没有。

5

Wànyòngbiǎo de jiégòu
万用表的结构
Structure of Multimeters

shùzì wànyòngbiǎo de zhǔyào jiégòu
数字 万用表 的主要结构
Main Structure of Digital Multimeters

LCD xiǎnshìpíng
LCD 显示屏
LCD

kāiguān
开关
Switch

liángchéng xuánniǔ
量程 旋钮
Range Knob

gōngnéng xuǎnzé ànniǔ
功能 选择按钮
Function Selection Button

diànyā、diànzǔ、diànróng děng chākǒng
电压、电阻、电容 等 插孔
Voltage, Resistance, Capacitance and Other Jacks

gōnggòngduān chākǒng
公共端 插孔
Common Terminal Jack

题解　Introduction

1. 学习内容：万用表的基本类型、结构及应用领域。

   Learning content: The basic types, structures, and application fields of multimeters

2. 知识目标：掌握与万用表相关的关键词，了解汉字的偏旁"巾""广""小""忄""入""刂"，学写相关汉字。

   Knowledge objectives: To master the keywords related to multimeters, understand the radicals of Chinese characters such as "巾", "广", "小", "忄", "入", "刂", and learn to write the related Chinese characters

3. 技能目标：能够正确使用万用表。

   Skill objective: To be able to use a multimeter correctly

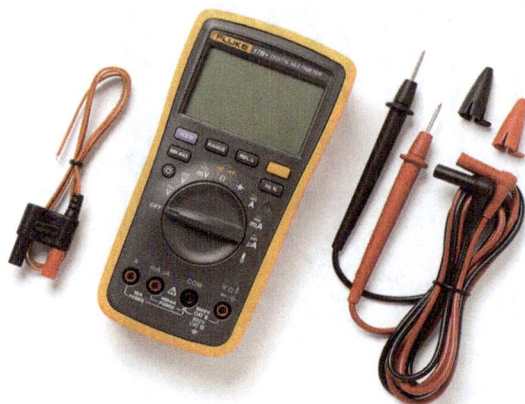

第一部分　Part 1

课文 *Texts*

一、热身　rèshēn　Warm-up

1. 给词语选择对应的图片。**Choose the corresponding picture for each word.**

A.

B.

C.

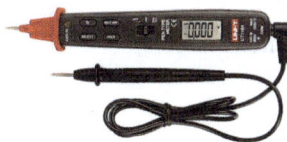

D.

shùzì wànyòngbiǎo
① 数字 万用表 _____
digital multimeter

bǐshì wànyòngbiǎo
② 笔式 万用表 _____
pen multimeter

zhǐzhēn wànyòngbiǎo
③ 指针 万用表 _____
pointer multimeter

shùzì qiánxíng wànyòngbiǎo
④ 数字 钳形 万用表 _____
digital clamp multimeter

2. 观看介绍指针万用表主要部件的视频，将图上所指部件的字母填写在相应名称后的横线上。**Watch the video introducing the main components of a pointer multimeter and write the letters indicating the components on the lines after the corresponding names.**

zhǐzhēn wànyòngbiǎo de zhǔyào bùjiàn
指针 万用表 的主要部件
Main Components of a Pointer Multimeter

A.

B.

D.

C.

zhuǎnhuàn kāiguān
① 转换 开关 _____
changeover switch

hēibiǎobǐ chākǒng
② 黑表笔 插孔 _____
black probe jack

hóngbiǎobǐ chākǒng
③ 红表笔 插孔 _____
red probe jack

biǎotóu
④ 表头 _____
meter head

二、课文　kèwén　Texts

A 🎧 05-01

Wànyòngbiǎo shì yì zhǒng dàiyǒu zhěngliúqì de, kěyǐ cèliáng jiāoliú / zhíliú diànliú、
万用表 是一种 带有整流器的，可以测量交流 / 直流电流、

diànyā jí diànzǔ děng duō zhǒng diànxué cānliàng de cídiànshì yíbiǎo. Tā jí diànyābiǎo、 diànliúbiǎo
电压及电阻 等多种 电学参量 的磁电式仪表。它集电压表、电流表

hé ōumǔbiǎo yú yìtǐ. Àn xiǎnshì fāngshì kě fēnwéi zhǐzhēn wànyòngbiǎo hé shùzì wànyòngbiǎo.
和欧姆表于一体。按显示方式可分为指针 万用表 和数字万用表。

译文 yìwén Text in English

A multimeter is a magnetoelectric instrument with a rectifier, which can measure AC / DC current, voltage, resistance, and other electrical parameters. It integrates voltmeter, ammeter, and ohmmeter. By display mode, they can be divided into pointer multimeters and digital multimeters.

普通词语 pǔtōng cíyǔ General Vocabulary 🎧 05-02

1.	带有	dàiyǒu	phr.	have; with
2.	集……于一体	jí… yú yìtǐ	phr.	integrate
3.	显示方式	xiǎnshì fāngshì	phr.	display mode
	显示	xiǎnshì	v.	display

专业词语 zhuānyè cíyǔ Specialized Vocabulary 🎧 05-03

1.	万用表	wànyòngbiǎo	n.	multimeter
2.	整流器	zhěngliúqì	n.	rectifier
3.	直流	zhíliú	n.	DC (direct current)
4.	电学	diànxué	n.	electricity
5.	参量	cānliàng	n.	parameter
6.	磁电式仪表	cídiànshì yíbiǎo	phr.	magnetoelectric instrument
	仪表	yíbiǎo	n.	instrument
7.	电压表	diànyābiǎo	n.	voltmeter
8.	电流表	diànliúbiǎo	n.	ammeter
9.	指针万用表	zhǐzhēn wànyòngbiǎo	phr.	pointer multimeter
	指针	zhǐzhēn	n.	pointer
10.	数字万用表	shùzì wànyòngbiǎo	phr.	digital multimeter

B 🎧 05-04

Wànyòngbiǎo yóu biǎotóu、 cèliáng diànlù jí zhuǎnhuàn kāiguān děng sān gè zhǔyào bùfen zǔchéng.
万用表 由 表头、测量电路及 转换 开关 等 三个主要部分组成。

Zhǐzhēn wànyòngbiǎo shì yǐ biǎotóu wéi héxīn bùjiàn de duōgōngnéng cèliáng yíbiǎo, cèliángzhí yóu
指针 万用表 是以表头为核心部件的 多功能 测量仪表，测量值由

biǎotóu zhǐzhēn zhǐshì dúqǔ. Shùzì wànyòngbiǎo de cèliángzhí yóu yèjīng xiǎnshìpíng zhíjiē yǐ shùzì
表头 指针指示读取。数字 万用表 的测量值由液晶显示屏直接以数字

de xíngshì xiǎnshì, dúqǔ fāngbiàn, yǒuxiē hái dàiyǒu yǔyīn tíshì gōngnéng.
的形式显示，读取方便，有些还带有语音提示 功能。

译文 yìwén Text in English

A multimeter consists of three main parts: the meter head, measuring circuit and changeover switch. A pointer multimeter is a multifunctional measuring instrument with the meter head as the core component. The measured value is indicated by the meter pointer. The measured value of a digital multimeter is directly displayed in numbers on the LCD, which is easy to read, and some even have the voice prompt function.

普通词语 pǔtōng cíyǔ General Vocabulary 🎧 05-05

1.	核心部件	héxīn bùjiàn	phr.	core component
	核心	héxīn	n.	core
	部件	bùjiàn	n.	component
2.	多功能	duōgōngnéng	adj.	multifunctional
3.	直接	zhíjiē	adj.	direct
4.	有些	yǒuxiē	pron.	some
5.	语音提示	yǔyīn tíshì	phr.	voice prompt
	语音	yǔyīn	n.	voice
	提示	tíshì	v.	prompt

专业词语 zhuānyè cíyǔ Specialized Vocabulary 🎧 05-06

1.	表头	biǎotóu	n.	meter head
2.	转换开关	zhuǎnhuàn kāiguān	phr.	changeover switch
3.	测量值	cèliángzhí	n.	measured value
4.	读取	dúqǔ	v.	read
5.	液晶显示屏	yèjīng xiǎnshìpíng	phr.	LCD

三、视听说　shì-tīng-shuō　Viewing, Listening and Speaking

观看介绍万用表表头主要符号的视频，判断并连线，说说万用表表头符号的含义。**Watch the video introducing the main symbols of the multimeter head, judge and match them, and talk about the meaning of the symbols on the multimeter head.**

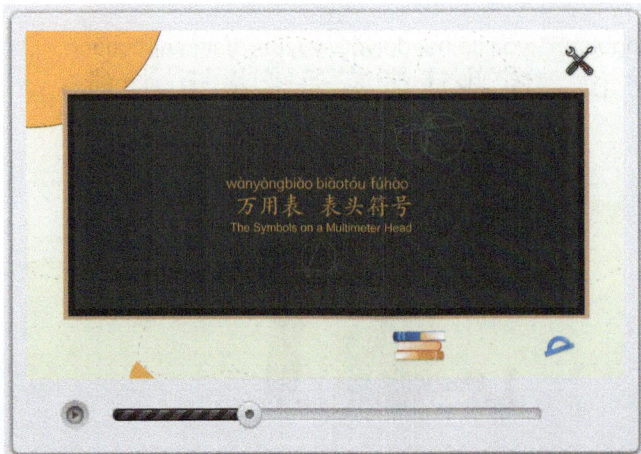

wànyòngbiǎo biǎotóu fúhào
万用表　表头符号
The Symbols on a Multimeter Head

① **A-V-Ω**

② **∞---0**

③ **-/DC**

④ **~/AC**

⑤ **~**

zhíliú
A. 直流
DC (direct current)

jiāoliú hé zhíliú gòng yòng
B. 交流和直流共用
Shared by AC and DC

diànzǔ kèdùxiàn
C. 电阻刻度线
 Resistance scale line

jiāoliú
D. 交流
AC (alternating current)

kěyǐ cèliáng diànliú、 diànyā hé diànzǔ
E. 可以测量电流、电压和电阻
It can measure current, voltage and resistance.

四、学以致用 xuéyǐzhìyòng Practicing What You Have Learnt

观看介绍数字万能表主要结构的视频，将图上所指结构的字母填写在相应名称后的横线上。**Watch the video introducing the main structure of a digital multimeter and write the letters of the structure indicated in the picture on the lines after the corresponding names.**

shùzi wànyòngbiǎo de zhǔyào jiégòu
数字 万用表 的主要结构
Main Structure of a Digital Multimeter

A.

B.   F.

C.

E.

D.

① gōnggòngduān chākǒng
公共端 插孔 ＿＿＿＿＿＿＿＿
common terminal jack

② LCD xiǎnshìpíng
LCD 显示屏 ＿＿＿＿＿＿＿＿
LCD

③ gōngnéng xuǎnzé
功能 选择 ＿＿＿＿＿＿＿＿
function selection

④ diànyā、 diànzǔ、 diànróng děng chākǒng
电压、电阻、电容 等 插孔 ＿＿＿＿＿＿＿＿
voltage, resistance, capacitance and other jacks

⑤ liángchéng xuánniǔ
量程 旋钮 ＿＿＿＿＿＿＿＿
range knob

⑥ diànyuán kāiguān
电源 开关 ＿＿＿＿＿＿＿＿
power switch

五、小知识 xiǎo zhīshi Tips

Zuì cháng yòng de shùzì yíbiǎo zhīyī
最 常 用 的数字仪表之一

Shùzì wànyòngbiǎo shì mùqián zuì cháng yòng de yì zhǒng shùzì yíbiǎo. Qí zhǔyào tèdiǎn shì
数字 万用表 是目前 最 常 用 的一种 数字 仪表。其主要特点是

zhǔnquèdù gāo、 fēnbiànlǜ qiáng、 cèshì gōngnéng wánshàn、 cèliáng sùdù kuài、 xiǎnshì zhíguān、
准确度高、分辨率 强、测试 功能 完善、测量 速度快、显示直观、

guòlǜ nénglì qiáng、 hàodiàn shěng、 biànyú xiédài. Jìnrù 90 niándài yǐlái, shùzì wànyòngbiǎo
过滤能力强、耗电 省、便于携带。进入 90 年代以来，数字 万用表

zài Zhōngguó xùnsù pǔjí bìng gǎngfàn shǐyòng yǐ chéngwéi xiàndài diànzǐ cèliáng yǔ wéixiū gōngzuò
在 中国 迅速普及并 广泛 使用，已 成为 现代电子测量与维修工作

de bìbèi yíbiǎo, bìng yǐjīng qǔdài chuántǒng de zhǐzhēn wànyòngbiǎo.
的必备仪表，并已经取代 传统 的指针 万用表。

One of the Most Common Digital Meters

A digital multimeter is currently the most common type of digital instrument. It is characterized by high accuracy, strong resolution, perfect testing functions, fast measurement speed, intuitive display, strong filtering ability, low power consumption, and easy portability. Since the 1990s, digital multimeters have rapidly become popular and widely used in China, becoming an essential instrument for modern electronic measurement and maintenance, and have replaced traditional pointer multimeters.

第二部分　Part 2

汉字　*Chinese Characters*

一、汉字知识　Hànzì zhīshi　Knowledge about Chinese Characters

汉字的偏旁（5）Radicals of Chinese characters (5)

偏旁 Radicals	例字 Examples	部件组合 Combinations	结构图示 Illustrations
巾	帽	巾＋冒	
	帮	邦＋巾	
	带	卅＋冖＋巾	
广	店	广＋占	
	床	广＋木	
	麻	广＋林	
	应	广＋业	
小	少	小＋丿	
业	光	业＋兀	
	当	业＋彐	
	尝	业＋冖＋云	
八	分	八＋刀	
	公	八＋厶	
	共	廿＋八	
	兴	兴＋八	
	典	曲＋八	
刂	到	至＋刂	
	刻	亥＋刂	
	别	另＋刂	
	制	牛＋刂	

二、汉字认读与书写　Hànzì rèndú yǔ shūxiě　The Recognition and Writing of Chinese Characters

认读下列词语，并试着读写构成词语的汉字。**Recognize the following words, and try to read and write the Chinese characters forming these words.**

转换　　开关　　显示　　测量

转			换			开			关		
显			示			测			量		

第三部分　Part 3

日常用语 *Daily Expressions*

1. 别太拘束！　Bié tài jūshù! Don't stand on ceremony!
2. 帮我一个忙！　Bāng wǒ yí gè máng! Give me a hand!
3. 午餐我请你！　Wǔcān wǒ qǐng nǐ! I'll treat you to lunch.

第四部分　Part 4

单元实训 *Unit Practical Training*

万用表的结构和作用
Structure and Functions of Multimeters

实训目的 Training purpose

通过本次实训，学生能够了解万用表的基本结构，并熟悉它的用途。

Through this practical training, students will be able to understand the basic structure of a multimeter and become familiar with its uses.

实训组织 Training organization

每组 6 人，另设一人为主持人，一人为记分员。

Each group consists of six people. There is another person as the host and one as the scorekeeper.

实训步骤 Training steps

1. 主持人讲解小组竞赛规则。

   The host explains the group competition rules.

2. 挂卡片比赛：主持人给小组成员分发卡片，上面写有万用表的部件名称，白板上挂有万用表的图片，主持人宣布开始后，小组成员走向万用表图片粘贴名称卡片，记分员根据主持人的提示进行计分。主持人根据最终得分宣布获胜者。

   Card hanging competition: The host distributes cards to the group members, with the names of the components of the multimeter written on them and a picture of the multimeter hanging on the whiteboard. After the host announces the start, the group members walk towards the picture of the multimeter and paste the name cards. The scorekeeper keeps the scores according to the host's prompts. The host announces the winner based on the final scores.

❸ 学生在课堂上完成练习以后进入车间，根据所学内容找到万用表部件。每个小组选出一名代表向全班介绍万用表的作用。

After completing the exercises in class, the students enter the workshop and find the components of the multimeter based on what they have learnt. Each group selects a representative to introduce the functions of a multimeter to the class.

❹ 教师点评。

The teacher makes a comment.

第五部分 Part 5
单元小结 *Unit Summary*

**cíyǔ
词语
Vocabulary**

普通词语 General Vocabulary

1.	带有	dàiyǒu	phr.	have; with
2.	集……于一体	jí… yú yìtǐ	phr.	integrate
3.	显示方式	xiǎnshì fāngshì	phr.	display mode
	显示	xiǎnshì	v.	display
4.	核心部件	héxīn bùjiàn	phr.	core component
	核心	héxīn	n.	core
	部件	bùjiàn	n.	component
5.	多功能	duōgōngnéng	adj.	multifunctional
6.	直接	zhíjiē	adj.	direct
7.	有些	yǒuxiē	pron.	some
8.	语音提示	yǔyīn tíshì	phr.	voice prompt
	语音	yǔyīn	n.	voice
	提示	tíshì	v.	prompt

专业词语 Specialized Vocabulary

1.	万用表	wànyòngbiǎo	n.	multimeter
2.	整流器	zhěngliúqì	n.	rectifier
3.	直流	zhíliú	n.	DC (direct current)
4.	电学	diànxué	n.	electricity
5.	参量	cānliàng	n.	parameter

6.	磁电式仪表	cídiànshì yíbiǎo	phr.	magnetoelectric instrument
	仪表	yíbiǎo	n.	instrument
7.	电压表	diànyābiǎo	n.	voltmeter
8.	电流表	diànliúbiǎo	n.	ammeter
9.	指针万用表	zhǐzhēn wànyòngbiǎo	phr.	pointer multimeter
	指针	zhǐzhēn	n.	pointer
10.	数字万用表	shùzì wànyòngbiǎo	phr.	digital multimeter
11.	表头	biǎotóu	n.	meter head
12.	转换开关	zhuǎnhuàn kāiguān	phr.	changeover switch
13.	测量值	cèliángzhí	n.	measured value
14.	读取	dúqǔ	v.	read
15.	液晶显示屏	yèjīng xiǎnshìpíng	phr.	LCD

cíyǔ
词语
Vocabulary

补充专业词语　Supplementary Specialized Vocabulary

1.	灵敏电流计	língmǐn diànliújì	phr.	sensitive galvanometer
2.	刻度线	kèdùxiàn	n.	scale mark
3.	均匀	jūnyún	adj.	uneven
4.	低阻	dīzǔ	n.	low resistance
5.	电容	diànróng	n.	capacitance

jùzi
句子
Sentences

1. 万用表集电压表、电流表和欧姆表于一体。
2. 万用表按显示方式可分为指针万用表和数字万用表。
3. 万用表由表头、测量电路及转换开关等三个主要部分组成。

6

Wànyòngbiǎo de shǐyòng

万用表的使用

Use of Multimeters

wànyòngbiǎo cèshì diànzǔ de cāozuò bùzhòu

万用表 测试电阻的操作 步骤

Operation Steps of Measuring the Resistance Using a Multimeter

dǎkāi kāiguān

打开开关

Turn on the Switch

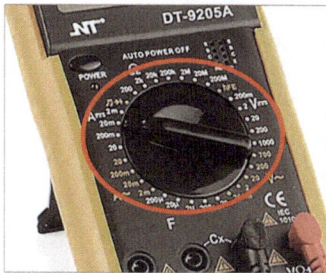

xuǎnzé héshì de dǎngwèi hé liángchéng

选择合适的 挡位 和 量程

Select the Appropriate Gear and Range

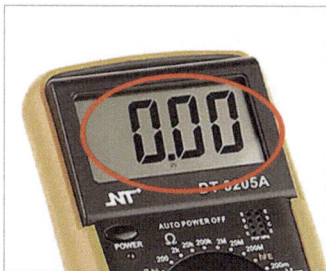

jìnxíng dúshù

进行读数

Take a Reading

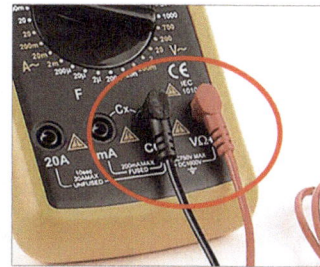

jiē biǎobǐ

接表笔

Connect the Probes

kāishǐ cèliáng

开始测量

Start Measuring

guānbì wànyòngbiǎo

关闭 万用表

Turn off the Multimeter

题解 Introduction

1. 学习内容：万用表的基本类型、结构及应用领域。

   Learning content: The basic types, structures, and application fields of multimeters

2. 知识目标：掌握与万用表相关的关键词，了解汉字的偏旁 "竹" "灬" "礻" "雨" "土"，学写相关汉字。

   Knowledge objectives: To master the keywords related to multimeters, understand the radicals of Chinese characters such as "竹"，"灬"，"礻"，"雨"，"土"，and learn to write the related Chinese characters

3. 技能目标：能够使用万用表测量电压、电流和电阻。

   Skill objective: To be able to use a multimeter to measure voltage, current, and resistance

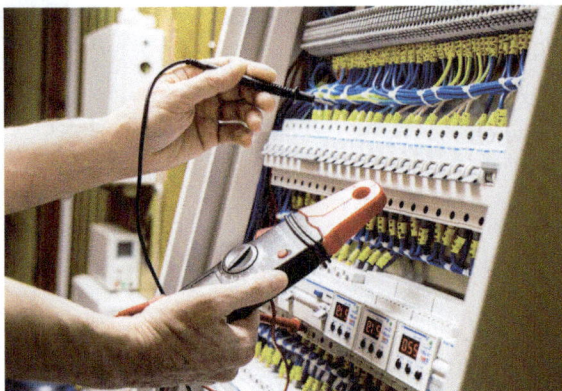

第一部分 Part 1

课文 *Texts*

一、热身 rèshēn Warm-up

1. 给词语选择对应的图片。**Choose the corresponding picture for each word.**

A.

B.

C.

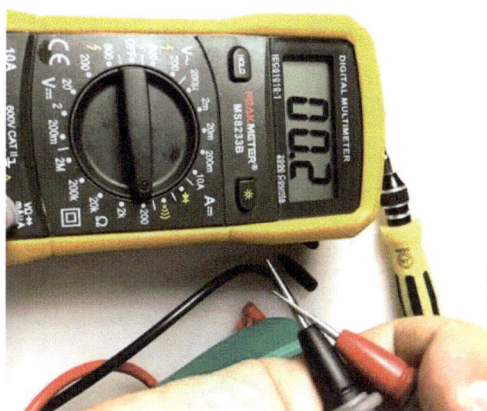

D.

tōngduàn cèshì
① 通断 测试 _____
continuity test

jiǎncè diànlùbǎn
② 检测电路板 _____
circuit board test

cèliáng èrjíguǎn
③ 测量二极管 _____
diode measurement

cèliáng diànyā
④ 测量电压 _____
voltage measurement

2. 观看介绍万用表基本作用的视频，连线。**Watch the video introducing the basic functions of multimeters and match.**

wànyòngbiǎo de jīběn zuòyòng
万用表 的基本作用
Basic Functions of Multimeters

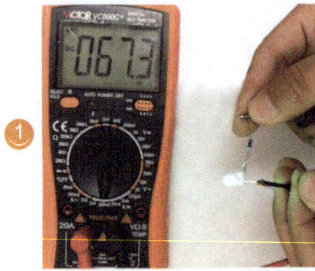

cèliáng diànchí diànyā
A. 测量电池电压
measuring battery voltage

cèliáng dǎoxiàn
B. 测量导线
measuring conducting wires

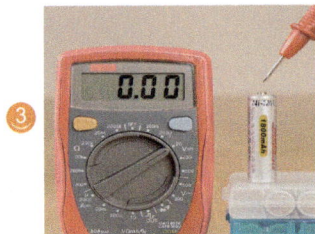

cèliáng diànzǔ
C. 测量电阻
measuring resistance

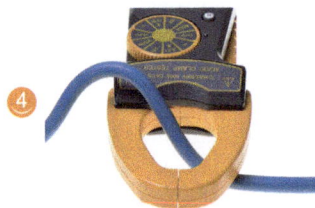

cèliáng diànliú
D. 测量电流
measuring current

二、课文 kèwén Texts

A 06-01

Jiāng xuánniǔ xuánzhì cèliáng jiāoliúdiàn diànyā chù, jìnxíng jīxiè tiáolíng, shùzhí wéi líng
将 旋钮 旋至测量 交流电电压处，进行机械调零，数值为 零

shí, yòng liǎng zhī biǎobǐ fēnbié jiēchù dài cè diànlù de huǒxiàn hé língxiàn; jiāng xuánniǔ xuánzhì
时，用 两 支表笔分别接触待测电路的火线和 零线；将 旋钮 旋至

cèliáng diànzǔ chù, jìnxíng jīxiè tiáolíng, shùzhí wéi líng shí, jiāng liǎng zhī biǎobǐ bǐtóu xiāng jiē,
测量电阻处，进行机械调零，数值为零时，将 两支表笔笔头相接，

jìnxíng ōumǔ tiáolíng, ránhòu kě cè dài cè diànzǔ; jiāng xuánniǔ xuánzhì cè jiāoliúdiàn diànliú chù,
进行欧姆调零，然后可测待测电阻；将 旋钮 旋至测交流电电流处，

jìnxíng jīxiè tiáolíng, shùzhí wéi líng shí, jiù kěyǐ cè diànlù diànliú.

进行机械调零，数值为 零时，就可以测电路电流。

译文 yìwén Text in English

Turn the knob to the place where AC voltage is measured, and conduct mechanical zero adjustment. When the value is zero, use two probes to contact the live line and null line of the circuit to be tested respectively. Turn the knob to the place where the resistance is measured, and conduct mechanical zero adjustment. When the value is zero, connect the tip of the two probes to conduct ohmmeter zero adjustment, and then measure the resistance. Turn the knob to place for measuring the AC current, and conduct mechanical zero adjustment. When the value is zero, the circuit current can be measured.

普通词语 pǔtōng cíyǔ General Vocabulary 🎧06-02

1.	旋至	xuánzhì	phr.	turn...to
2.	处	chù	n.	position, place
3.	数值	shùzhí	n.	numerical value
4.	零	líng	num.	null, zero
5.	支	zhī	m.	*a measure word for long, thin, inflexible objects*
6.	分别	fēnbié	adv.	respectively
7.	待	dài	v.	be going to, be about to
8.	测	cè	v.	measure
9.	相接	xiāng jiē	phr.	connect

专业词语 zhuānyè cíyǔ Specialized Vocabulary 🎧06-03

1.	调零	tiáo//líng	v.	turn an instrument, control, etc. to zero
2.	表笔	biǎobǐ	n.	probe
3.	火线	huǒxiàn	n.	live line
4.	笔头	bǐtóu	n.	tip of the probe

B 🎧 06-04

Shǐyòng qián yīng shúxi wànyòngbiǎo de gè xiàng gōngnéng, gēnjù bèi cèliáng de duìxiàng,
使用 前 应 熟悉 万用表 的 各项 功能，根据 被 测量 的 对象，

zhèngquè xuǎnyòng dǎngwèi、liángchéng jí biǎobǐ chākǒng. Zài duì bèicè shùjù dàxiǎo bù míng shí,
正确 选用 挡位、量程 及 表笔 插孔。在 对 被测 数据 大小 不 明 时，

yīng xiān jiāng liángchéng kāiguān zhìyú zuìdàzhí, ránhòu yóu dàliángchéng wǎng xiǎoliángchéng
应 先 将 量程 开关 置于 最大值，然后 由 大量程 往 小量程

dǎng chù qiēhuàn, shǐ yíbiǎo zhǐzhēn zhǐshì zài mǎnkèdù de 1/2 yǐshàng chù jíkě.
挡 处 切换，使 仪表 指针 指示 在 满刻度 的 1/2 以上 处 即可。

译文 yìwén Text in English

Before use, one should be familiar with the various functions of a multimeter, and correctly select the gear, range and probe jack based on the object being measured. When the size of the measured data is unknown, the range switch should be set to the maximum value first, and then switch from a large range to a small range, making the instrument pointer indicates more than half of the full scale.

普通词语 pǔtōng cíyǔ General Vocabulary   🎧 06-05

1.	熟悉	shúxi	v.	be familiar with
2.	各项	gè xiàng	phr.	various
	项	xiàng	m.	*a measure word for itemized things*
3.	根据	gēnjù	prep.	according to
4.	对象	duìxiàng	n.	object
5.	选用	xuǎnyòng	v.	select
6.	不明	bù míng	phr.	unknown
7.	先	xiān	adv.	first
8.	置于	zhìyú	phr.	put in, place in
9.	往	wǎng	prep.	to

| 10. | 切换 | qiēhuàn | v. | change over |
| 11. | 即可 | jíkě | v. | be enough |

专业词语 zhuānyè cíyǔ Specialized Vocabulary

🎧 06-06

1.	量程	liángchéng	n.	range
2.	插孔	chākǒng	n.	jack, socket
3.	被测数据	bèicè shùjù	phr.	measured data
	数据	shùjù	n.	data
4.	最大值	zuìdàzhí	n.	maximum value
5.	满刻度	mǎnkèdù	n.	full scale

三、视听说 shì-tīng-shuō Viewing, Listening and Speaking

观看介绍如何使用万用表测试电阻的视频，按照正确顺序进行排序，并说说测试电阻的步骤。

Watch the video introducing how to use a multimeter to test resistance, sort them in the correct order, and explain the steps for testing resistance.

wànyòngbiǎo cèshì diànzǔ de cāozuò bùzhòu
万用表 测试电阻的操作 步骤
Operation Steps of Measuring the Resistance with a Multimeter

dǎkāi kāiguān
A. 打开开关
turn on the switch

dúshù
B. 读数
read the value

xuǎnzé dǎngwèi hé liángchéng
C. 选择 挡位 和 量程
select the gear and range

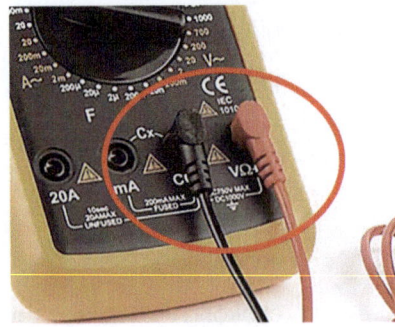

jiē biǎobǐ
D. 接表笔
connect the probes

guānbì kāiguān
E. 关闭 开关
turn off the switch

kāishǐ cèliáng
F. 开始测量
start measuring

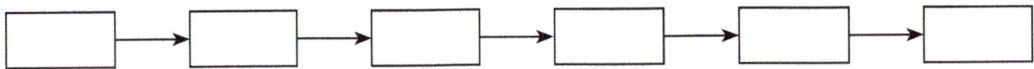

四、学以致用　xuéyǐzhìyòng　Practicing What You Have Learnt

观看介绍万用表用途的视频，根据用途选择对应的图片。**Watch the video introducing the uses of multimeters and choose the corresponding graphs based on the uses.**

shùzì wànyòngbiǎo de shǐyòng
数字 万用表 的使用
Uses of a Digital Multimeter

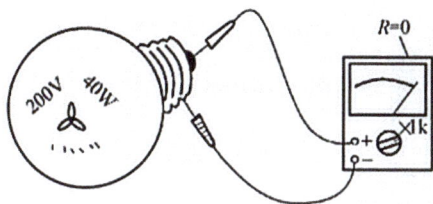

A.

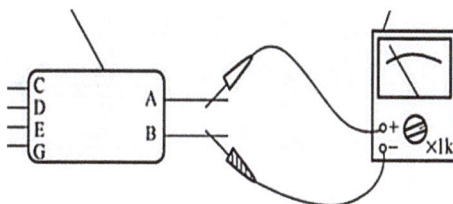

B.

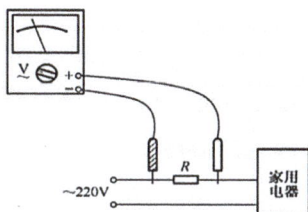

C.

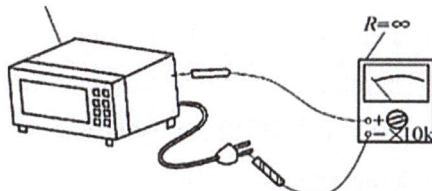

D.

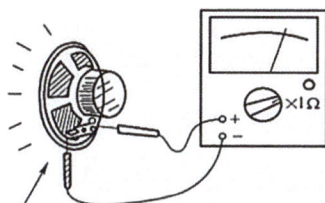

E.

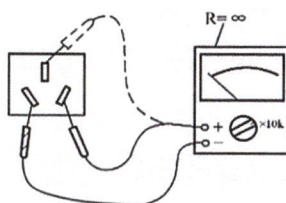

F.

① jiǎncè diànzǐ zhènliúqì
检测电子镇流器 _____
detecting electronic ballasts

② jiǎncè yángshēngqì
检测 扬声器 _____
detecting loudspeakers

③ jiǎncè jiāyòng diànqì juéyuán qíngkuàng
检测 家用 电器 绝缘 情况 _____
detecting the insulation of household appliances

④ jiǎncè diànyuán chāzuò
检测 电源 插座 _____
detecting power sockets

⑤ jiǎncè báichìdēngpào
检测 白炽灯泡 _____
detecting incandescent bulbs

⑥ jiǎncè jiāyòng diànqì diànliú
检测 家用 电器 电流 _____
detecting the current of household appliances

五、小知识 xiǎo zhīshi Tips

Ānquán xūzhī
安全须知

Shǐyòng wànyòngbiǎo jìnxíng cèliáng shí, yào zhùyì rénshēn hé yíbiǎo shèbèi de ānquán, cèshì zhōng
使用 万用表 进行 测量时，要注意人身和仪表设备的安全，测试中
bùdé yòng shǒu chùmō biǎobǐ de jīnshǔ bùfen, bù yǔnxǔ dàidiàn qiēhuàn dǎngwèi kāiguān, yǐ quèbǎo
不得用 手 触摸表笔的金属部分，不允许带电 切换 挡位 开关，以确保
cèliáng zhǔnquè, bìmiǎn fāshēng chùdiàn hé shāohuǐ yíbiǎo děng shìgù.
测量 准确，避免发生 触电和 烧毁 仪表等 事故。

Safety Instructions

When using a multimeter for measurement, pay attention to personal safety and safety of instrument equipment. During the measurement, do not touch the metal part of the probe with your hand, and do not switch the gear switch when the meter is powered on, so as to ensure accurate measurement and avoid electric shock, burning the instrument and other accidents.

第二部分　Part 2

汉字　*Chinese Characters*

一、汉字知识　Hànzì zhīshi　Knowledge about Chinese Characters

汉字的偏旁（6）　Radicals of Chinese characters (6)

偏旁 Radicals	例字 Examples	部件组合 Combinations	结构图示 Illustrations
⺮	笔	⺮＋毛	⊟
	篮	⺮＋监	⊟
	箱	⺮＋相	⊟
	等	⺮＋寺	⊟
	管	⺮＋官	⊟
	简	⺮＋间	⊟
	第	⺮＋弟	⊟
灬	然	狀＋灬	⊟
	点	占＋灬	⊟
	热	执＋灬	⊟
	黑	里＋灬	⊟
	照	昭＋灬	⊟

（续表）

偏旁 Radicals	例字 Examples	部件组合 Combinations	结构图示 Illustrations
衤	衬	衤 + 寸	□□
	衫	衤 + 彡	□□
	裤	衤 + 库	□□
雨	需	雨 + 而	▤
	雪	雨 + 彐	▤
	零	雨 + 令	▤
土	城	土 + 成	□□
	地	土 + 也	□□
	场	土 + 易	□□
	坏	土 + 不	□□
	去	土 + 厶	▤

二、汉字认读与书写　Hànzì rèndú yǔ shūxiě　The Recognition and Writing of Chinese Characters

认读下列词语，并试着读写构成词语的汉字。**Recognize the following words, and try to read and write the Chinese characters forming these words.**

调零　　被测数据　　笔头　　量程

调				零									
被				测				数				据	
笔				头									
量				程									

日常用语　*Daily Expressions*

❶ 我还不能马上说定。Wǒ hái bù néng mǎshàng shuōdìng. I can't say for certain off-hand.

❷ 谢谢您的合作。Xièxie nín de hézuò. Thank you for your cooperation.

❸ 如果对某些细节有意见的话，请提出来。Rúguǒ duì mǒu xiē xìjié yǒu yìjiàn dehuà, qǐng tí chulai. If you have any questions on the details, feel free to ask.

单元实训 *Unit Practical Training*

万用表的使用
Use of Multimeters

实训目的 Training purpose

通过本次实训，学生能够使用万用表测量电阻、电压和电流。

Through this practical training, students will be able to use a multimeter to measure resistance, voltage, and current.

实训组织 Training organization

每组 6 人，按照测量要求准备数字万用表、电池、红黑测试笔、测量电阻、接线板、检查表等物品，学生穿戴好 PPE。

Each group consists of six people and prepares items such as a digital multimeter, a battery, red and black test pens, resistance to be measured, a wiring board, a checklist, etc. according to the measurement requirements. Students wear PPE.

实训步骤 Training steps

❶ 教师讲解测试方法并演示。

The teacher explains and demonstrates the test method.

❷ 认识万用表仪表面板：每两人为一组，采用你说我听的方法，互相配合了解仪表面板。

Get to know the dashboard of a multimeter: Work in pairs and use the method of listening and speaking to each other to understand the dashboard.

❸ 按要求装好电池，接好红黑测试笔，并尝试使用开关键和挡位调零。

Install the battery as required, connect the red and black test pens, and try to use the switch and gear reset.

❹ 按照要求依次完成电阻、电压、电流的测试，并填写测量值检查表。

Complete the resistance, voltage and current tests in turn as required, and fill in the measured value checklist.

❺ 教师检查测量值检查表，总结并点评。

The teacher checks the measured value checklist, summarizes and comments.

单元小结 *Unit Summary*

cíyǔ 词语 Vocabulary	普通词语　General Vocabulary			
	1.	旋至	xuánzhì	phr.	turn...to
	2.	处	chù	n.	position, place
	3.	数值	shùzhí	n.	numerical value

4.	零	líng	num.	null, zero
5.	支	zhī	m.	*a measure word for long, thin, inflexible objects*
6.	分别	fēnbié	adv.	respectively
7.	待	dài	v.	be going to, be about to
8.	测	cè	v.	measure
9.	相接	xiāng jiē	phr.	connect
10.	熟悉	shúxi	v.	be familiar with
11.	各项	gè xiàng	phr.	various
	项	xiàng	m.	*a measure word for itemized things*
12.	根据	gēnjù	prep.	according to
13.	对象	duìxiàng	n.	object
14.	选用	xuǎnyòng	v.	select
15.	不明	bù míng	phr.	unknown
16.	先	xiān	adv.	first
17.	置于	zhìyú	phr.	put in, place in
18.	往	wǎng	prep.	to
19.	切换	qiēhuàn	v.	change over
20.	即可	jíkě	v.	be enough

cíyǔ
词语
Vocabulary

专业词语 Specialized Vocabulary

1.	调零	tiáo//líng	v.	turn an instrument, control, etc. to zero
2.	表笔	biǎobǐ	n.	probe
3.	火线	huǒxiàn	n.	live line
4.	笔头	bǐtóu	n.	tip of the probe
5.	量程	liángchéng	n.	range
6.	插孔	chākǒng	n.	jack, socket
7.	被测数据	bèicè shùjù	phr.	measured data
8.	数据	shùjù	n.	data
9.	最大值	zuìdàzhí	n.	maximum value
10.	满刻度	mǎnkèdù	n.	full scale

补充专业词语 Supplementary Specialized Vocabulary

1.	白炽灯泡	báichìdēngpào	n.	incandescent bulb
2.	电子镇流器	diànzǐ zhènliúqì	phr.	electronic ballast
3.	家用电器	jiāyòng diànqì	phr.	household appliance

cíyǔ **词语** Vocabulary	4.	扬声器	yángshēngqì	n.	loudspeaker
	5.	阻值	zǔzhí	n.	resistance value
	6.	无穷大	wúqióngdà	n.	infinity

jùzi **句子** Sentences	1. 将旋钮旋至测量交流电电压处，进行机械调零。 2. 使用前应熟悉万用表的各项功能。 3. 在对被测数据大小不明时，应先将量程开关置于最大值。

7

PLC　kě biānchéng　kòngzhìqì
PLC 可编程控制器
PLC (Programmable Logic Controllers)

PLC　de zǔchéng bùfen
PLC 的 组成 部分
Components of the PLC

shūrù jiēxiàn duānzǐ
输入接线端子
Input Terminal

yǐtàiwǎng tōngxìn jiēkǒu
以太网通信接口
Ethernet Communication
Interface

diànyuán jiēxiàn duānzǐ
电源 接线端子
Power Terminal

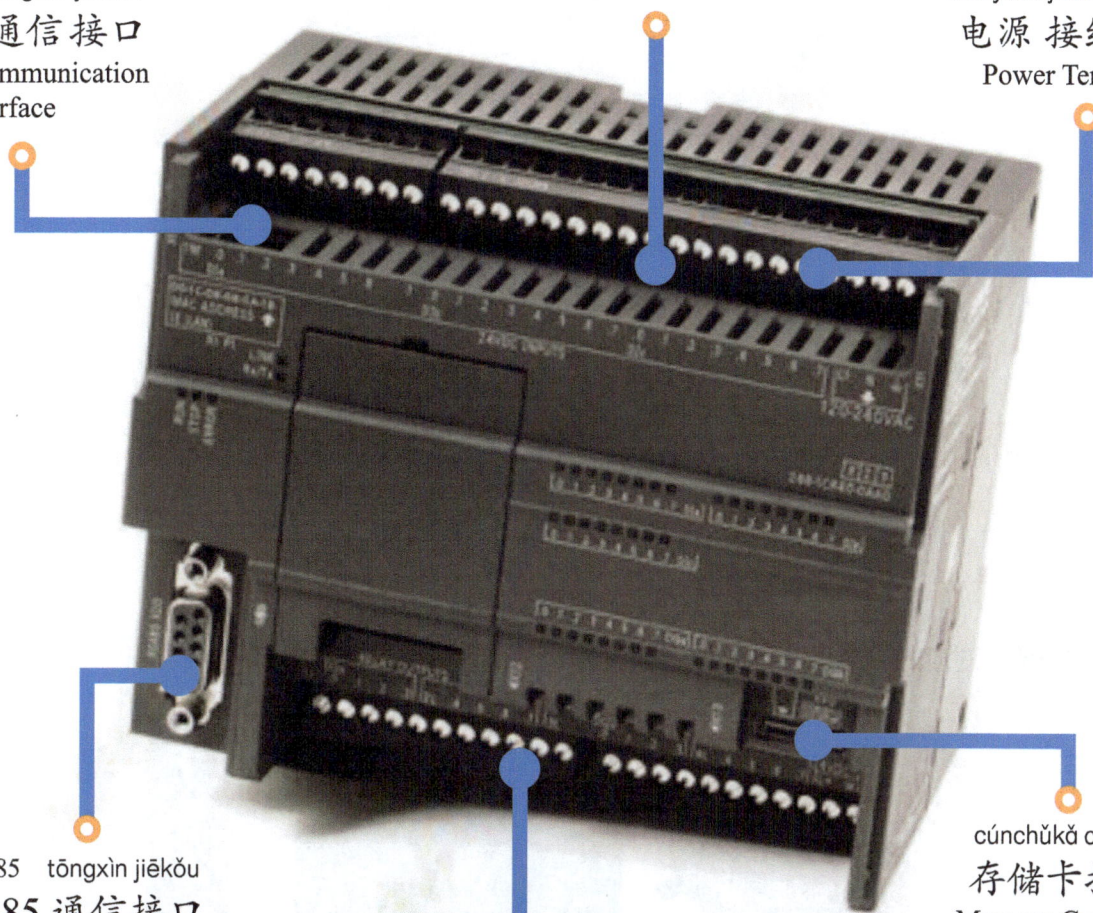

RS-485　tōngxìn jiēkǒu
RS-485 通信接口
RS-485 Communication Interface

cúnchǔkǎ chākǒu
存储卡插口
Memory Card Jack

shūchū jiēxiàn duānzǐ
输出 接线端子
Output Terminal

题解 Introduction

1. 学习内容：PLC 的构成、作用、运行方式和主要的编程语言。

   Learning content: The compositions, functions, operation modes, and main programming languages of PLC

2. 知识目标：掌握与 PLC 相关的关键词，了解汉字的偏旁"走""忄""攵""饣""禾"，学写相关汉字。

   Knowledge objectives: To master the keywords related to PLC, understand the radicals of Chinese characters such as "走"，"忄"，"攵"，"饣"，"禾"，and learn to write the related Chinese characters

3. 技能目标：能够掌握 PLC 编程的基础指令。

   Skill objective: To be able to master the basic instructions of PLC programming

第一部分 Part 1

课文 *Texts*

一、热身 rèshēn Warm-up

1. 给词语选择对应的图片。**Choose the corresponding picture for each word.**

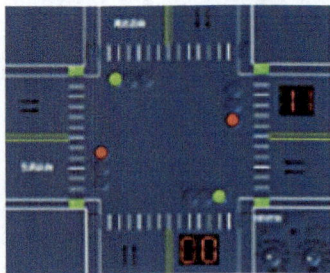

A.

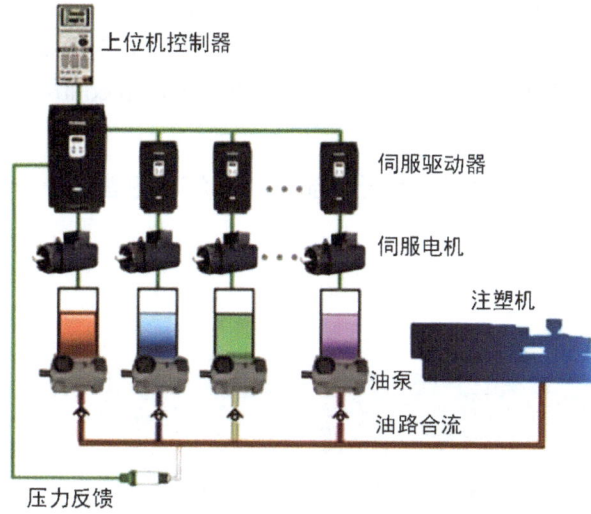

上位机控制器

伺服驱动器

伺服电机

注塑机

油泵

油路合流

压力反馈

B.

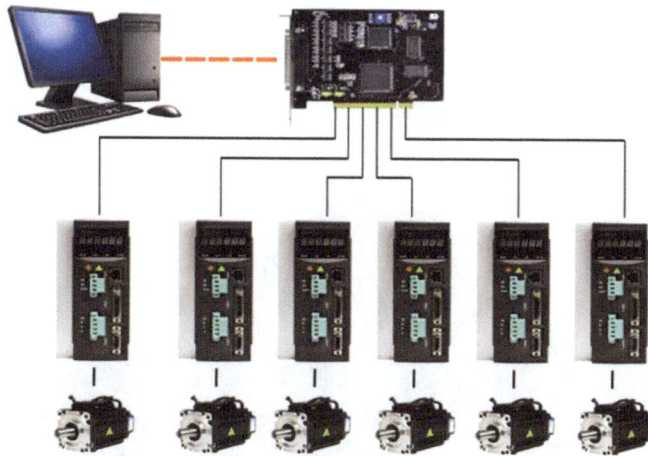

C.

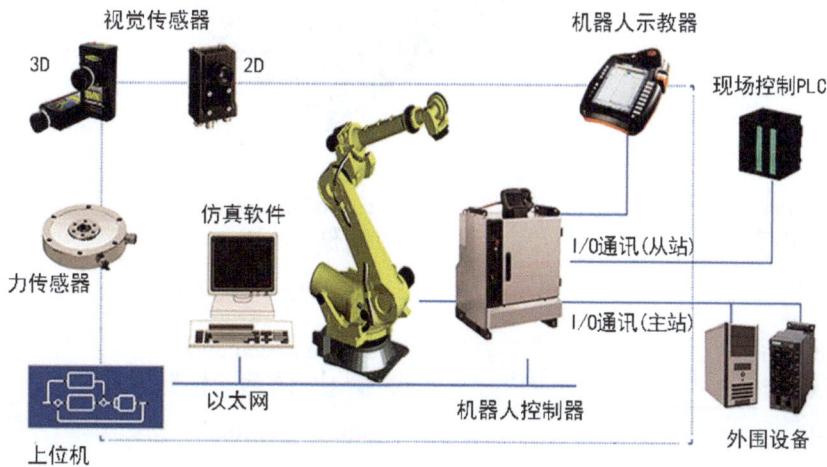

视觉传感器

机器人示教器

现场控制PLC

3D   2D

仿真软件

I/O通讯(从站)

力传感器

I/O通讯(主站)

以太网

机器人控制器

上位机

外围设备

D.

PLC kòngzhì de 3D dǎyìn xìtǒng
❶ PLC 控制 的 3D 打印 系统 _____
3D printing system controlled by PLC

PLC kòngzhì de sìfú   diànjī qūdòng xìtǒng
❷ PLC 控制的 伺服 电机 驱动 系统 _____
servo motor drive system controlled by PLC

PLC kòngzhì de hónglùdēng xìtǒng
③ PLC 控制的 红绿灯 系统 _____
traffic light system controlled by PLC

PLC kòngzhì de jīqìrén xìtǒng
④ PLC 控制的机器人系统 _____
robot system controlled by PLC

2. 观看介绍 PLC 组成部分的视频，将图上所标部件和名称相匹配。**Watch the video introducing the components of a PLC and match the components marked on the diagram with their names.**

PLC de zǔchéng bùfen
PLC 的 组成 部分
Components of a PLC

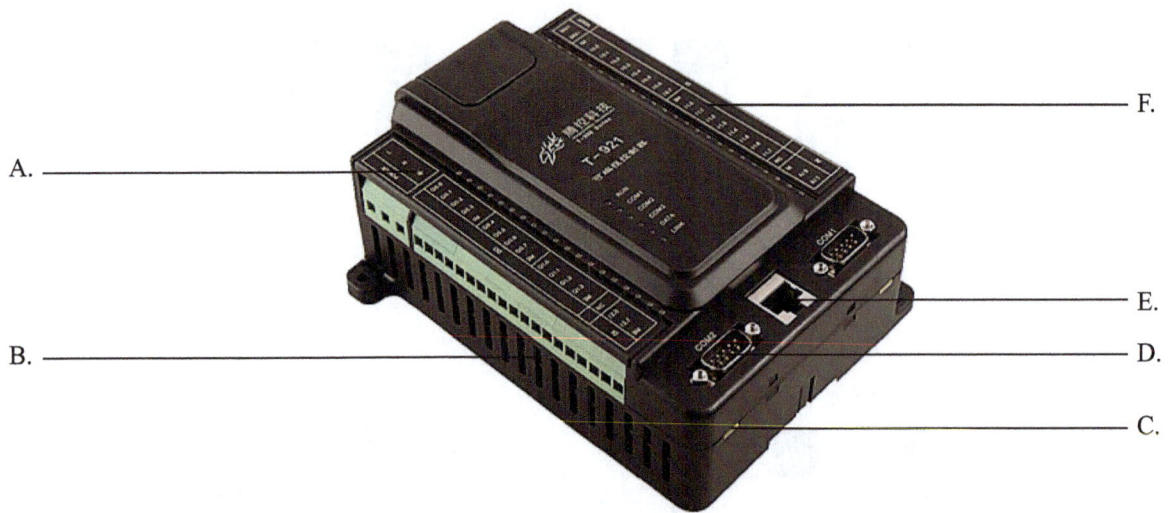

A. _____

B. _____

F. _____

E. _____

D. _____

C. _____

diànyuán jiēxiàn duānzǐ
① 电源 接线 端子 _____
power terminal

cúnchǔkǎ chākǒu
② 存储卡 插口 _____
memory card jack

shūrù jiēxiàn duānzǐ
③ 输入 接线 端子 _____
input terminal

shūchū jiēxiàn duānzǐ
④ 输出 接线 端子 _____
output terminal

RS-485 tōngxìn jiēkǒu
⑤ RS-485 通信 接口 _____
RS-485 communication interface

yǐtàiwǎng tōngxìn jiēkǒu
⑥ 以太网 通信 接口 _____
ethernet communication interface

二、课文　kèwén　Texts

A 🎧07-01

PLC 即可 编程 逻辑控制器，是一种 由数字运算 操作的电子

装置。它采用可 编程 的存储器，用于存储 程序、逻辑运算、控制

顺序、定时、计数等，并 通过数字或模拟式输入或 输出，控制 各

类机械设备或 生产 过程，是 工业 控制的核心部分。

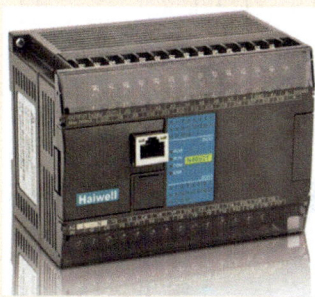

译文 yìwén Text in English

PLC, i.e. Programmable Logic Controller, is an electronic device operated by digit arithmetic. It adopts programmable memory to store programs, logical operations, control sequence, timing, counting and so on, and controls all kinds of mechanical equipment or production process through digital or analog input and output. It is the core part of industrial control.

普通词语 pǔtōng cíyǔ General Vocabulary　🎧07-02

1.	即	jí	v.	i.e.
2.	顺序	shùnxù	n.	sequence
3.	定时	dìngshí	v.	time, fix a time (for doing sth.)
4.	计数	jì//shù	v.	count
5.	输入	shūrù	v.	input
6.	输出	shūchū	v.	output
7.	工业	gōngyè	n.	industry

专业词语 zhuānyè cíyǔ Specialized Vocabulary 🎧 07-03

1.	编程	biānchéng	v.	program
2.	逻辑控制器	luójí kòngzhìqì	phr.	logic controller
3.	数字运算	shùzì yùnsuàn	phr.	digit arithmetic
4.	电子装置	diànzǐ zhuāngzhì	phr.	electronic device
5.	存储器	cúnchǔqì	n.	memory
6.	逻辑运算	luójí yùnsuàn	phr.	logical operation
7.	模拟式	mónǐshì	n.	analog

B 🎧 07-04

PLC cǎiyòng "shùnxù sǎomiáo、búduàn xúnhuán" de fāngshì. Zài yùnxíng shí, CPU
PLC 采用 "顺序扫描、不断 循环" 的方式。在运行 时，CPU

gēnjù biānhǎo de chéngxù, àn zhǐlìng bùxùhào huò dìzhǐhào zuò zhōuqīxìng xúnhuán sǎomiáo.
根据编好的 程序，按指令步序号或地址号做周期性 循环 扫描。

Měi cì sǎomiáo guòchéng zhōng, hái yào duì shūrù xìnhào jìnxíng cǎiyàng, shuāxīn shūchū zhuàngtài.
每次扫描 过程 中，还要 对输入信号进行采样，刷新 输出 状态。

Yí gè sǎomiáo zhōuqī bāohán shūrù cǎiyàng、chéngxù zhíxíng hé shūchū shuāxīn sān gè jiēduàn.
一个 扫描 周期包含输入采样、程序 执行和输出 刷新 三个阶段。

译文 yìwén Text in English

PLC adopts the mode of "sequential scanning and continuous circulation". In the course of running, CPU makes periodic scan-round following the instruction step number or address number. During each scan, the input signal is sampled and the output state is refreshed. A scanning cycle consists of three phases: input sampling, program execution, and output refresh.

普通词语 pǔtōng cíyǔ General Vocabulary 🎧 07-05

1.	扫描	sǎomiáo	v.	scan
2.	不断	búduàn	adv.	continuous
3.	循环	xúnhuán	v.	circulate
4.	编	biān	v.	write
5.	周期性	zhōuqīxìng	n.	periodic
6.	每	měi	pron.	each, every
7.	信号	xìnhào	n.	signal
8.	采样	cǎiyàng	v.	sample
9.	刷新	shuāxīn	v.	refresh
10.	状态	zhuàngtài	n.	state
11.	阶段	jiēduàn	n.	phase

专业词语 zhuānyè cíyǔ Specialized Vocabulary 🎧 07-06

1.	指令步序号	zhǐlìng bùxùhào	phr.	instruction step number
	指令	zhǐlìng	n.	instruction
2.	地址号	dìzhǐhào	n.	address number
3.	扫描周期	sǎomiáo zhōuqī	phr.	scanning cycle

三、视听说 shì-tīng-shuō Viewing, Listening and Speaking

观看介绍 PLC 四种编程语言的视频，判断图片中的程序属于哪一种编程语言，并说说 PLC 编程语言的名称和特点。**Watch the video introducing four kinds of programming languages of PLC, determine which programming language the programs in the pictures belong to, and talk about the names and characteristics of programming languages of PLC.**

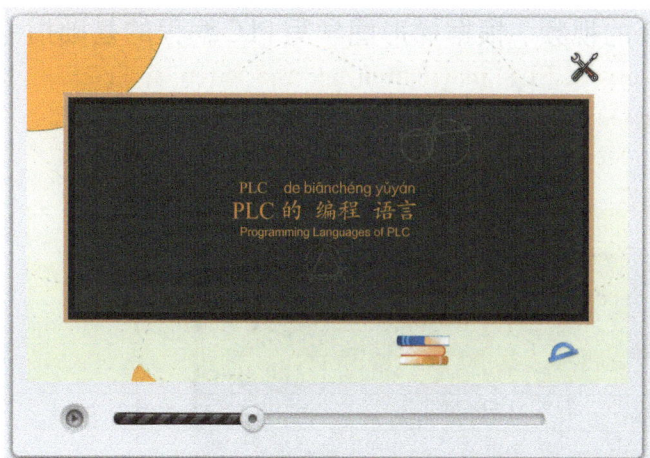

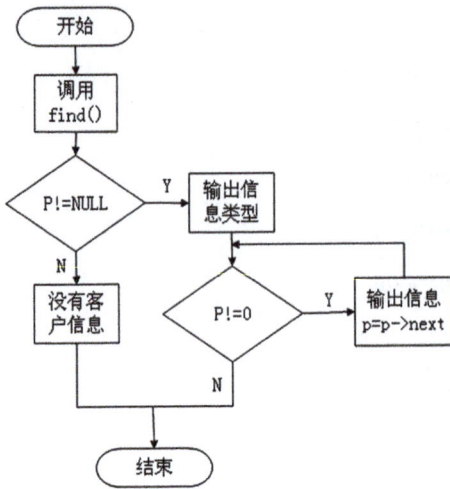

0	LD	M5
1	ANI	Y024
2	LD	C4
3	AND	X004
4	ORB	
5	ORI	X006
6	LDI	Y001
7	ORP	C0
9	ANB	
10	OR	M33
11	OUT	Y007
12	AND	X002

A.   B.

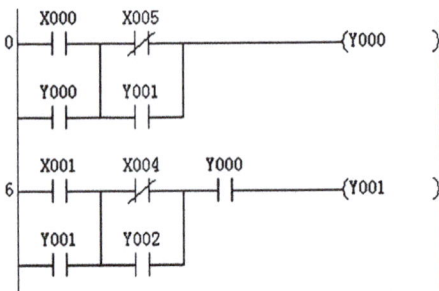

C.

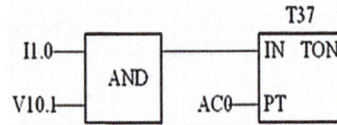

D.

① tīxíngtú
梯形图（LAD）_____
ladder diagram (LAD)

② zhǐlìngbiǎo
指令表（STL）_____
instruction list (STL)

③ shùnxù gōngnéng liúchéngtú
顺序 功能 流程图（SFC）_____
sequential function chart (SFC)

④ gōngnéngkuàitú
功能块图（FBD）_____
function block diagram (FBD)

四、学以致用 xuéyǐzhìyòng Practicing What You Have Learnt

观看介绍 PLC 编程基础指令的视频，根据梯形图学写 PLC 编程的基础指令。**Watch the video introducing the basic instructions of PLC programming, and learn to write the basic instructions of PLC programming based on the ladder diagram.**

① 母线　X2
┤├──（Y2）

② 母线　X3
┤/├──（T0）K19
　└──（M100）

_____

_____

_____

　　　　　　　_____

　　　　　　　_____

　　　　　　　_____

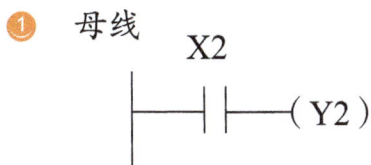

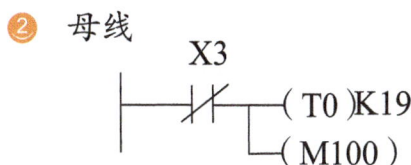

五、小知识　xiǎo zhīshi　Tips

PLC　de míngchēng láiyuán
PLC 的 名称 来源

Zǎoqī de　PLC　zhǐ yǒu luójí kòngzhì de gōngnéng,　hòulái suízhe fāzhǎn,　PLC　yě yǒule
早期的 PLC 只有逻辑控制的 功能，后来随着发展，PLC 也有了

shíxù kòngzhì、　móní kòngzhì、　duōjī tōngxìn děng gōngnéng, míngchēng yě gǎiwéi kě biānchéng
时序控制、模拟控制、多机通信 等 功能，　名称 也改为可编程

kòngzhìqì.　Dàn yóuyú tā de suōxiě　PC　yǔ gèrén diànnǎo de suōxiě xiāng chōngtū, jiāshàng xíguàn
控制器。但由于它的缩写 PC 与个人电脑的缩写相 冲突，加上 习惯

de yuányīn,　xiànzài réng yányòng "kě biānchéng luójí　kòngzhìqì"　zhè yī chēnghu hé　PLC　de
的原因，现在 仍 沿用"可编程 逻辑控制器"这一 称呼和 PLC 的

suōxiě xíngshì.
缩写 形式。

Origin of the Name of PLC

In early days, PLC only had logical control functions. Later, with its development, it also had functions such as sequential control, analog control, and multi-machine communication, and its name was changed to programmable controller. However, since its abbreviation "PC" conflicts with that of personal computers, plus habitual reasons, the term "programmable logic controller" and the abbreviation for PLC are still used today.

第二部分　Part 2

汉字　*Chinese Characters*

一、汉字知识　Hànzì zhīshi　Knowledge about Chinese Characters

汉字的偏旁（7）Radicals of Chinese characters (7)

偏旁 Radicals	例字 Examples	部件组合 Combinations	结构图示 Illustrations
走	超	走＋召	
	趣	走＋取	
	起	走＋已	
	趟	走＋尚	
忄	忙	忄＋亡	
	快	忄＋夬	
	慢	忄＋曼	
	惯	忄＋贯	
	情	忄＋青	
攵	教	孝＋攵	
	收	丩＋攵	
	数	娄＋攵	
	放	方＋攵	
饣	馆	饣＋官	
	饭	饣＋反	
	饺	饣＋交	
	饼	饣＋并	
	饿	饣＋我	
禾	和	禾＋口	
	种	禾＋中	
	租	禾＋且	
	季	禾＋子	

二、汉字认读与书写　*Hànzì rèndú yǔ shūxiě*　The Recognition and Writing of Chinese Characters

认读下列词语，并试着读写构成词语的汉字。Recognize the following words, and try to read and write the Chinese characters forming these words.

趋势　　周期性　　数字　　编程

趋			势									
周			期			性						
数			字									
编			程									

第三部分　Part 3

日常用语　*Daily Expressions*

❶ 我们真诚地希望你们在这里过得愉快。Wǒmen zhēnchéng de xīwàng nǐmen zài zhèlǐ guò de yúkuài. We sincerely hope you'll have a pleasant stay here.

❷ 质量比数量更重要。Zhìliàng bǐ shùliàng gèng zhòngyào. Quality is more important than quantity

第四部分　Part 4

单元实训　*Unit Practical Training*

PLC 可编程控制器

PLC (Programmable Logic Controllers)

实训目的 Training purpose

通过本次实训，学生能够了解 PLC 的结构及应用，并学会用软件编写简单的 PLC 指令。

Through this practical training, students will be able to understand the structure and application of PLC, and learn to write simple PLC instructions using software.

实训组织 Training organization

每组 4 人。每组准备一台笔记本电脑，具有上网条件。

Each group consists of four people and prepares a laptop with Internet access.

实训步骤 Training steps

❶ 教师通过视频介绍 PLC 在生产和生活中的应用。

The teacher introduces the application of PLC in production and life through videos.

❷ 学生在教师的带领下，进入拥有PLC的生产车间，教师展示和讲解PLC的各个部件及其用途。

Under the guidance of the teacher, students enter the production workshop with PLCs, where the teacher shows and explains the various components and their uses of the PLC.

❸ 学生在电脑上安装PLC的编程软件，教师讲解基本的电路知识、PLC编程的原理和基础指令，指导学生运用软件进行简单的 PLC 指令的编写。

Students install PLC programming software on their computers, and the teacher explains basic circuit knowledge, PLC programming principles, and basic instructions. The teacher guides students in using the software to write simple PLC instructions.

❹ 教师给每个小组布置不同的编程任务，小组成员在规定时间内完成指令的编写，派代表上台讲解，并向全班展示。

The teacher assigns different programming tasks to each group. The group members write the instructions within the specified time, and send a representative to explain and show the instructions to the class.

❺ 教师点评。

The teacher makes a comment.

第五部分　Part 5

单元小结　Unit Summary

词语
cíyǔ
Vocabulary

普通词语　General Vocabulary

1.	即	jí	v.	i.e.
2.	顺序	shùnxù	n.	sequence
3.	定时	dìngshí	v.	time, fix a time (for doing sth.)
4.	计数	jì//shù	v.	count
5.	输入	shūrù	v.	input
6.	输出	shūchū	v.	output
7.	工业	gōngyè	n.	industry
8.	扫描	sǎomiáo	v.	scan
9.	不断	búduàn	adv.	continuous
10.	循环	xúnhuán	v.	circulate
11.	编	biān	v.	write
12.	周期性	zhōuqīxìng	n.	periodic
13.	每	měi	pron.	each, every
14.	信号	xìnhào	n.	signal
15.	采样	cǎiyàng	v.	sample
16.	刷新	shuāxīn	v.	refresh

| 17. | 状态 | zhuàngtài | n. | state |
| 18. | 阶段 | jiēduàn | n. | phase |

专业词语　Specialized Vocabulary

1.	编程	biānchéng	v.	program
2.	逻辑控制器	luójí kòngzhìqì	phr.	logic controller
3.	数字运算	shùzì yùnsuàn	phr.	digit arithmetic
4.	电子装置	diànzǐ zhuāngzhì	phr.	electronic device
5.	存储器	cúnchǔqì	n.	memory
6.	逻辑运算	luójí yùnsuàn	phr.	logical operation
7.	模拟式	mónǐshì	n.	analog
8.	指令步序号	zhǐlìng bùxùhào	phr.	instruction step number
	指令	zhǐlìng	n.	instruction
9.	地址号	dìzhǐhào	n.	address number
10.	扫描周期	sǎomiáo zhōuqī	phr.	scanning cycle

补充专业词语　Supplementary Specialized Vocabulary

1.	伺服电机驱动	sìfú diànjī qūdòng	phr.	servo motor drive
2.	通信接口	tōngxìn jiēkǒu	phr.	communication interface
3.	梯形图	tīxíngtú	n.	ladder diagram
4.	指令表	zhǐlìngbiǎo	n.	instruction list
5.	顺序功能流程图	shùnxù gōngnéng liúchéngtú	phr.	sequential function chart
6.	功能块图	gōngnéngkuàitú	n.	function block diagram
7.	时序控制	shíxù kòngzhì	phr.	sequential control
8.	模拟控制	mónǐ kòngzhì	phr.	analog control
9.	多机通信	duōjī tōngxìn	phr.	multi-machine communication

cíyǔ
词语
Vocabulary

jùzi
句子
Sentences

1. PLC 是一种由数字运算操作的电子装置。
2. PLC 采用可编程的存储器，用于存储程序、逻辑运算、控制顺序、定时、计数等。
3. PLC 通过数字或模拟式输入或输出，控制各类机械设备或生产过程。
4. PLC 采用"顺序扫描、不断循环"的方式。
5. PLC 的一个扫描周期包含输入采样、程序执行和输出刷新三个阶段。

8

Jīdiàn shèbèi de wéihù hé bǎoyǎng

机电设备的维护和保养

Maintenance and Upkeep of Electromechanical Equipment

jīchuáng de bǎoyǎng bùzhòu

机床 的 保养 步骤

Maintenance Steps for Machine Tools

qīnglǐ gōngzuòtái、 jiājù

清理工作台、夹具

Clean the Worktable and Fixtures

qīngjié zhǔzhóu zhuīkǒng,

清洁 主轴 锥孔,

túmǒ fángxiùyóu

涂抹防锈油

Clean the Spindle Taper Hole, and Apply Anti-Rust Oil

qīnglǐ tiěxiè

清理铁屑

Clean the Iron Filings

cāshì wàibù bǎnjīn

擦拭外部钣金

Wipe the External Sheet Metal

qīngxǐ diànkòngxiāng kōngtiáo、

清洗 电控箱 空调、

yóulěngjī、 guòlǜwǎng

油冷机、过滤网

Clean the Electric Control Box, Air Conditioner, Oil Cooler, and Filter Screen

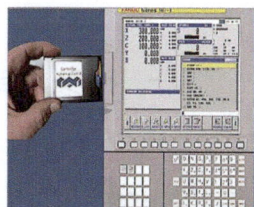

jiāng zhòngyào xìnxī bèifèn

将 重要 信息 备份

dào diànnǎo huò U pán li

到 电脑 或 U 盘里

Back up Important Information to a Computer or USB Flash Disk

quèrèn suǒyǒu

确认 所有

diànchí diànyā

电池电压

Confirm the Voltage of All Batteries

guānjī, qiēduàn jīchuáng

关机,切断 机床

wàibù diànyuán

外部 电源

Shut down and Cut off the External Power Supply of the Machine Tool

题解　Introduction

1. 学习内容：机电设备的日常保养、一级保养和二级保养。

   Learning content: The daily maintenance, first-level maintenance, and second-level maintenance of electromechanical equipment

2. 知识目标：掌握与维护和保养相关的关键词，了解汉字的偏旁 "门" "疒" "冂" "车" "贝"，学写相关汉字。

   Knowledge objectives: To master the keywords related to maintenance and upkeep, understand the radicals of Chinese characters such as "门", "疒", "冂", "车", "贝", and learn to write the related Chinese characters

3. 技能目标：能够掌握机床的润滑保养和长时间停用前的保养。

   Skill objective: To be able to master the lubrication and maintenance of machine tools and the maintenance before long-term shutdown

第一部分　Part 1

课文　*Texts*

一、热身　rèshēn　Warm-up

1. 给词语选择对应的图片。**Choose the corresponding picture for each word.**

A.

B.

C.

D.

qīngjié jīchuáng
① 清洁 机床 _____
clean the machine tool

qīnglǐ tiěxiè
② 清理铁屑 _____
clean the iron filings

jiǎnchá diànlù
③ 检查 电路 _____
check the circuit

jiāo rùnhuáyóu
④ 浇 润滑油 _____
spray the lubricating oil

2. 观看介绍机电设备维护和保养的视频，判断图片中的保养属于哪个类别。**Watch the video introducing the maintenance and upkeep of electromechanical equipment and determine which types the maintenance in the pictures belong to.**

jīdiàn shèbèi de wéihù hé bǎoyǎng
机电设备的维护和 保养
Maintenance and upkeep of Electromechanical Equipment

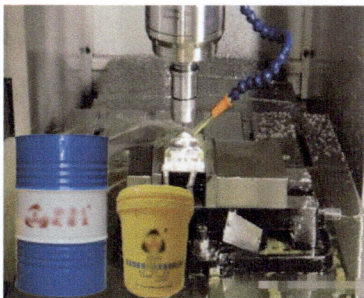

měi yuè gēnghuàn lěngquèyè
A. 每月 更换 冷却液
replacing the coolant liquid every month

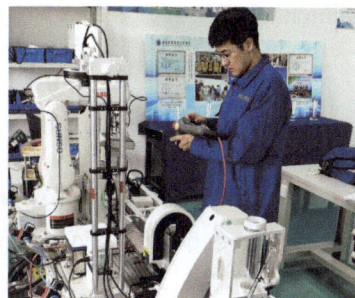

měi nián jiǎnyàn shèbèi jīngdù
B. 每年 检验设备 精度
checking the accuracy of equipment every year

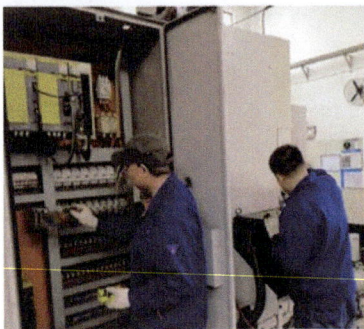

měi nián wéihù diànqì xìtǒng
C. 每年维护电气系统
maintaining electrical system every year

6S guǎnlǐ
D. 6S 管理
6S management

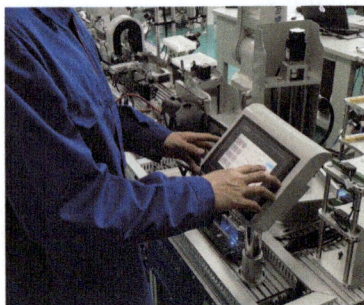

kāijī jiǎnchá
E. 开机检查
start-up check

měi yuè chāixiè、 qīngjié bùjiàn
F. 每月拆卸、清洁部件
disassembling and cleaning components every month

rìcháng bǎoyǎng
① 日常 保养＿＿＿＿＿＿＿＿
routine maintenance

yījí bǎoyǎng
② 一级保养＿＿＿＿＿＿＿＿
first-level maintenance

èrjí bǎoyǎng
③ 二级保养＿＿＿＿＿＿＿＿
second-level maintenance

二、课文　kèwén　Texts

A 🎧 08-01

Jīdiàn shèbèi zài shǐyòng guòchéng zhōng, yóuyú yùndòng、 mósǔn、 nèibù yìnglì děng
机电设备在使用 过程 中，由于运动、磨损、内部应力等
yuányīn, huì fāshēng língjiàn de sōngdòng、gān mócā、 yìcháng shēngxiǎng děng zhuàngkuàng.
原因，会发生零件的 松动、干摩擦、异常 声响 等 状况。

Zuòhǎo jīdiàn shèbèi de wéihù hé bǎoyǎng gōngzuò,　jíshí jiǎnchá shèbèi,　chǔlǐ wèntí,
做好机电设备的维护和 保养 工作，及时检查设备，处理问题，

gǎishàn yùnzhuǎn zhuàngkuàng, néng xiāochú bú bìyào de mósǔn,　fángfàn shìgù de fāshēng.
改善 运转　状况，　能 消除不必要的磨损，防范事故的 发生。

译文 yìwén Text in English

During the use of electromechanical equipment, due to reasons such as movement, wear and tear, and internal stress, loose parts, unlubricated friction, abnormal sound and other situations may occur. Proper maintenance and upkeep of electromechanical equipment involves timely inspecting equipment, handling problems and improving operation conditions, which will eliminate unnecessary wear and tear, and prevent accidents from occurring.

普通词语 pǔtōng cíyǔ General Vocabulary   🎧 08-02

1.	由于	yóuyú	conj.	due to
2.	磨损	mósǔn	v.	wear and tear
3.	原因	yuányīn	n.	reason
4.	松动	sōngdòng	v.	become loose
5.	异常声响	yìcháng shēngxiǎng	phr.	abnormal sound
6.	状况	zhuàngkuàng	n.	condition
7.	维护	wéihù	v.	maintain
8.	处理	chǔlǐ	v.	handle
9.	改善	gǎishàn	v.	improve
10.	消除	xiāochú	v.	eliminate
11.	防范	fángfàn	v.	prevent

专业词语 zhuānyè cíyǔ Specialized Vocabulary   🎧 08-03

1.	内部应力	nèibù yìnglì	phr.	internal stress
2.	干摩擦	gān mócā	phr.	unlubricated friction

B 🎧 08-04

Wéihù hé wéixiū shì liǎng gè bù tóng de gàiniàn, qūbié zàiyú zuòyè shí shèbèi de sǔnhuài
维护和维修是两个不同的概念，区别在于作业时设备的损坏

chéngdù bù tóng. Wéihù yìbān shì zhǐ shèbèi nénggòu zhèngcháng yùnxíng shí de dìngqī bǎoyǎng,
程度不同。维护一般是指设备能够正常运行时的定期保养，

ér wéixiū zé shì duì yǐjīng sǔnhuài de shèbèi jìnxíng xiūlǐ. Jīdiàn shèbèi de wéihù hé bǎoyǎng
而维修则是对已经损坏的设备进行修理。机电设备的维护和保养

bìxū dádào zhěngqí、 qīngjié、 rùnhuá hé ānquán sì xiàng jīběn yāoqiú.
必须达到整齐、清洁、润滑和安全四项基本要求。

译文 yìwén Text in English

Maintenance and repair are two different concepts, with the difference being the degree of equipment damage during operation. Maintenance generally refers to regular maintenance of equipment when it can operate normally, while repair refers to fixing equipment that has already been damaged. The maintenance and upkeep of electromechanical equipment must meet the four basic requirements of being neat, clean, lubricated, and safe.

普通词语 pǔtōng cíyǔ General Vocabulary 🎧 08-05

1.	概念	gàiniàn	n.	concept
2.	在于	zàiyú	v.	lie in
3.	损坏	sǔnhuài	v.	damage
4.	程度	chéngdù	n.	degree
5.	定期	dìngqī	adj.	regular
6.	则	zé	conj.	*indicating contrast*
7.	修理	xiūlǐ	v.	fix, repair
8.	达到	dá//dào	v.	achieve, reach
9.	整齐	zhěngqí	adj.	neat
10.	基本要求	jīběn yāoqiú	phr.	basic requirement
	基本	jīběn	adj.	basic

专业词语 zhuānyè cíyǔ Specialized Vocabulary 🎧 08-06

| 1. | 作业 | zuòyè | v. | operate |
| 2. | 润滑 | rùnhuá | v. | lubricate |

三、视听说 shì-tīng-shuō Viewing, Listening and Speaking

观看介绍机床保养步骤的视频，将图片按顺序排列，并说说机床的保养步骤。**Watch the video introducing the maintenance steps of the machine tool. Arrange the pictures in order and explain the maintenance steps of the machine tool.**

jīchuáng de bǎoyǎng bùzhòu
机床 的 保养 步骤
Maintenance Steps of the Machine Tool

cāshì wàibù bǎnjīn
A. 擦拭外部钣金
wipe the external sheet metal

qīnglǐ gōngzuòtái
B. 清理工作台
clean the worktable

quèrèn diànchí diànyā
C. 确认 电池 电压
confirm the voltage of the battery

gěi zhǔzhóu zhuīkǒng tú fángxiùyóu
D. 给 主轴 锥孔 涂防锈油
apply anti-rust oil to the spindle taper hole

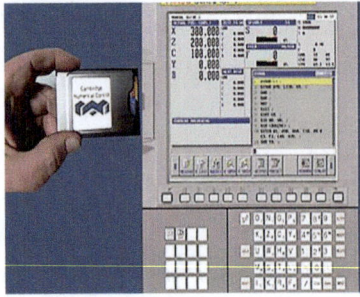

bèifèn zhòngyào xìnxī

E. 备份 重要 信息

back up important information

qīnglǐ tiěxiè

F. 清理铁屑

clean the iron filings

qiēduàn wàibù diànyuán

G. 切断 外部 电源

cut off the external power supply

qīngxǐ guòlǜwǎng

H. 清洗过滤网

clean the filter screen

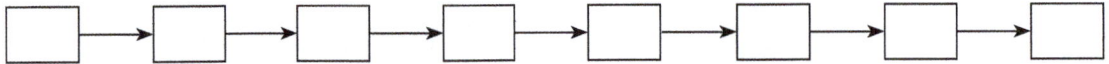

四、学以致用　xuéyǐzhìyòng　Practicing What You Have Learnt

观看介绍机床润滑保养的视频，根据图片选择机床各部件润滑的方法。**Watch the video introducing the lubricating maintenance of the machine tool, and determine the lubrication method for each component of the machine tool.**

jīchuáng de rùnhuá bǎoyǎng

机床 的润滑 保养

Lubricating Maintenance of the Machine Tool

zhōngjiān chǐlún de rùnhuá
① 中间 齿轮的润滑（　　）
lubrication of the intermediate gear

zhóuchéng de rùnhuá
② 轴承 的润滑（　　）
lubrication of the bearing

jìnjǐxiāng de rùnhuá
③ 进给箱的润滑（　　）
lubrication of the feed box

sīgàng、 dǎoguǐmiàn de rùnhuá
④ 丝杠、 导轨面 的润滑（　　）
lubrication of the lead screw and guide surface

zhǔzhóuxiāng nèi de rùnhuá
⑤ 主轴箱 内的润滑（　　）
lubrication inside the spindle box

mìbì xiāngtǐ nèi língjiàn de rùnhuá
⑥ 密闭箱体内零件的润滑（　　）
lubrication of parts in the airtight box

yóuhú jiāoyóu
A. 油壶浇油
oil poured with an oil can

yóubèng xúnhuán
B. 油泵 循环
circulation of the oil pump

dànzǐ yóubēi zhùyóu
C. 弹子油杯 注油
oil filled with forced filling oil cup

huángyóubēi
D. 黄油杯
grease cup

chǐlún zhuàndòng jiànyóu
E. 齿轮 转动 溅油
oil splashed with rotation of gears

yóushéng
F. 油绳
oil wick

五、小知识　xiǎo zhīshi　Tips

CMMS　zài wéibǎo gōngzuò zhōng de yìngyòng
CMMS 在维保 工作 中 的 应用

Xiànzài,　jīdiàn shèbèi de wéihù hé wéixiū dōu shǐyòng CMMS　xìtǒng,　jí jìsuànjīhuà
现在，机电设备的维护和维修都 使用 CMMS 系统，即计算机化

de shèbèi wéihù guǎnlǐ xìtǒng. Jiàozhǔn yāoqiú、zīchǎn wèizhì、bù fúhé shēngchǎn yāoqiú de
的设备维护管理系统。校准 要求、资产 位置、不符合 生产 要求的

shèbèi dōu kěyǐ zài CMMS zhōng zhǎodào xiāngguān xìnxī,　zhè ràng wéibǎo gōngzuò gèng
设备都可以在 CMMS 中 找到 相关 信息，这 让 维保 工作 更

gāoxiào, ràng jìhuà wéihù zìdònghuà chéngwéi kěnéng.
高效，让计划维护自动化 成为 可能。

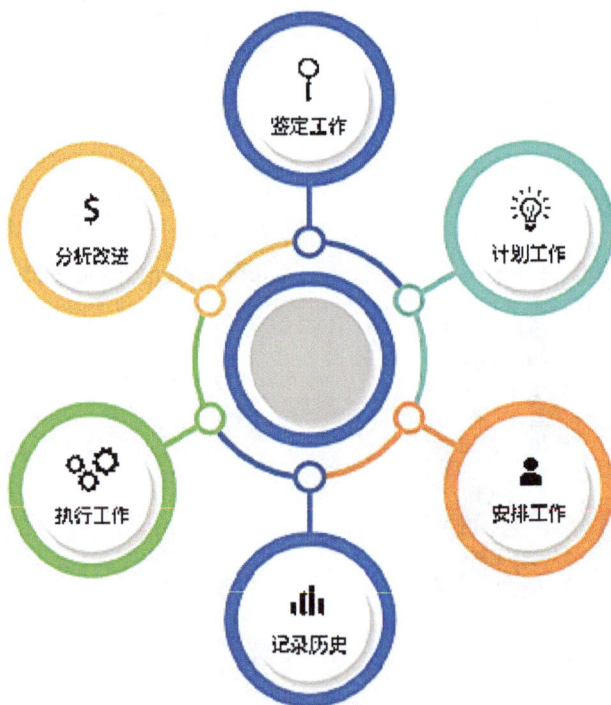

Application of CMMS in Maintenance Work

At present, the CMMS system, namely the Computerized Maintenance Management System, is used for maintenance and repair of electromechatronic equipment. All the related information ranging from calibration requirements and assets locations to the equipment failing to meet production requirements can be found in the CMMS, which makes maintenance more efficient and planned maintenance automation possible.

第二部分　Part 2

汉字　*Chinese Characters*

一、汉字知识　Hànzì zhīshi　Knowledge about Chinese Characters

汉字的偏旁（8）　**Radicals of Chinese characters (8)**

偏旁 Radicals	例字 Examples	部件组合 Combinations	结构图示 Illustrations
门	问 闻 间 闹	门 + 口 门 + 耳 门 + 日 门 + 市	
疒	病 瘦	疒 + 丙 疒 + 叟	
冂	网 同 冈	冂 + 乂 冂 + 口 冂 + 乂	
车	辆 轻 较 辅	车 + 两 车 + 𢀖 车 + 交 车 + 甫	
贝	费 赛 贵	弗 + 贝 寒 + 贝 虫 + 贝	

二、汉字认读与书写　Hànzì rèndú yǔ shūxiě　The Recognition and Writing of Chinese Characters

认读下列词语，并试着读写构成词语的汉字。**Recognize the following words, and try to read and write the Chinese characters forming these words.**

齿轮　　过滤网　　润滑　　损坏

齿		轮				
过		滤		网		
润		滑		损		坏

第三部分　Part 3

日常用语 *Daily Expressions*

❶ 我想也许将来我们可以合作。Wǒ xiǎng yěxǔ jiānglái wǒmen kěyǐ hézuò. I think maybe we will work together in the future.

❷ 我们想把生意扩大到中国市场。Wǒmen xiǎng bǎ shēngyi kuòdà dào Zhōngguó shìchǎng. We want to expand our business to the Chinese market.

第四部分　Part 4

单元实训 *Unit Practical Training*

机电设备的维护和保养
Maintenance and Upkeep of Electromechanical Equipment

实训目的 Training purpose

通过本次实训，学生能够掌握机电设备维护和保养的步骤及注意事项。

Through this practical training, students will be able to master the steps and precautions for the maintenance and upkeep of electromechanical equipment.

实训组织 Training organization

每组 4 人，分工合作。

Each group consists of four people and works in cooperation with a due division of labor.

实训步骤 Training steps

❶ 教师通过视频介绍几种常用机电设备维保的步骤和注意事项。

The teacher introduces the steps and precautions of the maintenance and upkeep of several common electromechnical equipment through videos.

❷ 教师介绍日常保养、一级保养和二级保养的区别。随后采用竞赛的方式，教师说出保养的具体内容，小组抢答属于哪个类别的保养，答对次数最多的小组获胜。

The teacher introduces the difference among routine maintenance, first-level maintenance and second-level maintenance. Subsequently, through a competition, the teacher describes the specific content of maintenance, and the group competes to answer which category it belongs to. The group with the most correct answers wins.

❸ 学生在教师的带领下，进入机电生产车间，采用抽签的方式，每个小组对应一种机电设备，跟着教师学习保养方法。

Under the guidance of the teacher, students enter the electromechanical production workshop and draw lots. Each group corresponds to a type of electromechanical equipment and learns the maintenance and upkeep methods from their teacher.

❹ 小组成员完成设备的保养后，进行总结，派代表向全班分享。

After completing the maintenance and upkeep of the equipment, group members make a summary and send a representative to share with the class.

⑤ 教师点评。
The teacher makes a comment.

第五部分　Part 5
单元小结　*Unit Summary*

cíyǔ
词语
Vocabulary

普通词语　General Vocabulary

1.	由于	yóuyú	conj.	due to
2.	磨损	mósǔn	v.	wear and tear
3.	原因	yuányīn	n.	reason
4.	松动	sōngdòng	v.	become loose
5.	异常声响	yìcháng shēngxiǎng	phr.	abnormal sound
6.	状况	zhuàngkuàng	n.	condition
7.	维护	wéihù	v.	maintain
8.	处理	chǔlǐ	v.	handle
9.	改善	gǎishàn	v.	improve
10.	消除	xiāochú	v.	eliminate
11.	防范	fángfàn	v.	prevent
12.	概念	gàiniàn	n.	concept
13.	在于	zàiyú	v.	lie in
14.	损坏	sǔnhuài	v.	damage
15.	程度	chéngdù	n.	degree
16.	定期	dìngqī	adj.	regular
17.	则	zé	conj.	*indicating contrast*
18.	修理	xiūlǐ	v.	fix, repair
19.	达到	dá//dào	v.	achieve, reach
20.	整齐	zhěngqí	adj.	neat
21.	基本要求	jīběn yāoqiú	phr.	basic requirement
	基本	jīběn	adj.	basic

专业词语　Specialized Vocabulary

1.	内部应力	nèibù yìnglì	phr.	internal stress
2.	干摩擦	gān mócā	phr.	unlubricated friction
3.	作业	zuòyè	v.	operate
4.	润滑	rùnhuá	v.	lubricate

cíyǔ 词语 Vocabulary

补充专业词语 Supplementary Specialized Vocabulary

1.	钣金	bǎnjīn	n.	sheet metal
2.	锥孔	zhuīkǒng	n.	taper hole
3.	防锈油	fángxiùyóu	n.	anti-rust oil
4.	过滤网	guòlǜwǎng	n.	filter screen
5.	中间齿轮	zhōngjiān chǐlún	phr.	intermediate gear
6.	轴承	zhóuchéng	n.	bearing
7.	导轨面	dǎoguǐmiàn	n.	guide surface
8.	油泵	yóubèng	n.	oil pump
9.	弹子油杯	dànzǐ yóubēi	phr.	forced filling oil cup
10.	黄油杯	huángyóubēi	n.	grease cup

jùzi 句子 Sentences

1. 由于运动、磨损、内部应力等原因，机电设备会发生零件的松动、干摩擦、异常声响等状况。
2. 维护和维修的区别在于作业时设备的损坏程度不同。
3. 维护一般是指设备能够正常运行时的定期保养，而维修则是对已损坏的设备进行修理。
4. 机电设备的维护和保养必须达到整齐、清洁、润滑和安全四项基本要求。

Jīdiàn shèbèi de cháng jiàn gùzhàng yǔ wéixiū

机电设备的常见故障与维修

Common Faults and Repair of Electromechanical Equipment

sǔnhuàixíng gùzhàng
损坏型 故障
Damage Faults

tuìhuàxíng gùzhàng
退化型 故障
Degradation Faults

jīdiàn shèbèi gùzhàng de fēnlèi
机电设备 故障 的分类
Types of Electromechanical
Equipment Faults

sōngtuōxíng gùzhàng
松脱型 故障
Loosening Faults

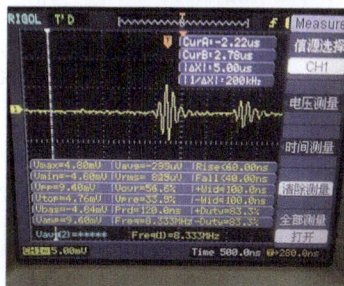

shītiáoxíng gùzhàng
失调型 故障
Imbalance Faults

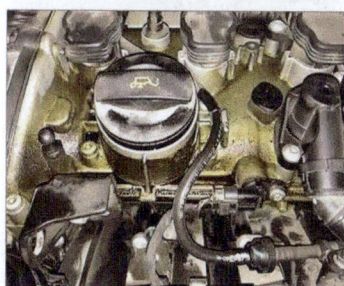

dǔsè huò shènlòu gùzhàng
堵塞或 渗漏 故障
Blockage or Leakage Faults

题解　Introduction

1. 学习内容：机电设备的常见故障、故障的诊断和维修。

   Learning content: The common faults of electromechanical equipment, and the diagnosis and maintenance of faults

2. 知识目标：掌握与故障及维修相关的关键词，了解汉字的偏旁"耳""欠""丷""亻"，学写相关汉字。

   Knowledge objectives: To master the keywords related to faults and maintenance, understand the radicals of Chinese characters such as "耳"，"欠"，"丷"，"亻"，and learn to write the related Chinese characters

3. 技能目标：能够掌握机电设备常见故障的诊断和维修。

   Skill objective: To be able to master the diagnosis and maintenance of common faults in electromechanical equipment

第一部分　Part 1

课文　Texts

一、热身　rèshēn　Warm-up

1. 给词语选择对应的图片。Choose the corresponding picture for each word.

A.　　　　　　　　　　　　　　　　　　B.

C.

D.

diànnǎo wéixiū
① 电脑 维修 _____
computer repair

shǒujī wéixiū
② 手机维修 _____
mobile phone repair

zìdònghuà shēngchǎnxiàn wéixiū
③ 自动化 生产线 维修 _____
automatic production line repair

qìchē wéixiū
④ 汽车维修 _____
vehicle repair

2. 观看介绍机电设备常见故障的视频，将故障的现象和可能的原因相匹配。**Watch the video introducing common faults of electromechanical equipment and match the symptoms and possible causes of the faults.**

jīdiàn shèbèi de cháng jiàn gùzhàng
机电设备的 常见 故障
Common Faults of Electromechanical Equipment

shèbèi guò rè
A. 设备过热
overheating equipment

jiāohú qìwèi
B. 焦煳气味
burnt smell

C. rùnhuáyóu zhōng jīnshǔ kēlì jiào duō
润滑油 中 金属颗粒较多
many metal particles in lubricating oil

D. chǐlún guò rè
齿轮过热
overheating gear

① quē rùnhuáyóu
缺 润滑油_____
unlubricated

② zhóuchéng mósǔn
轴承 磨损_____
worn bearing

③ diànlù duǎnlù
电路短路_____
short circuit

④ lěngquèbèng bù gōngzuò
冷却泵 不 工作 _____
inoperative cooling pump

二、课文 kèwén Texts

A 🎧 09-01

Jīdiàn shèbèi gùzhàng shì zhǐ shèbèi zài qí zhèngcháng shǐyòng zhōuqī nèi, yóuyú mósǔn huò
机电设备 故障 是指设备在其 正常 使用 周期内， 由于磨损或

bú zhèngquè de cāozuò, zànshí sàngshī qí guīdìng gōngnéng de zhuàngkuàng. Biǎoxiàn wéi mǒu xiē
不 正确 的操作，暂时 丧失其规定 功能 的 状况。 表现 为某些

língjiàn shīqù yuányǒu jīngdù huò xìngnéng, shèbèi bù néng zhèngcháng yùnxíng huò jìshù xìngnéng
零件失去原有精度或 性能，设备不能 正常 运行或技术性能

jiàngdī, dǎozhì shēngchǎn zhōngduàn huò xiàolǜ xiàjiàng.
降低，导致 生产 中断 或效率下降。

译文 yìwén Text in English

Electromechanical equipment faults refer to the temporary loss of equipment's prescribed functions due to wear and tear or incorrect operation during its normal use cycle. It is manifested as certain parts losing their original accuracy or performance, equipment not functioning properly, or technical performance decreasing, thus resulting in production interruption or efficiency decline.

普通词语 pǔtōng cíyǔ General Vocabulary 🎧 09-02

1.	故障	gùzhàng	n.	fault, malfunction
2.	内	nèi	n.	in
3.	暂时	zànshí	adj.	temporary
4.	丧失	sàngshī	v.	lose
5.	规定	guīdìng	v.	prescribe
6.	表现	biǎoxiàn	v./n.	manifest; manifestation
7.	某些	mǒu xiē	phr.	some
8.	失去	shīqù	v.	lose
9.	原有	yuányǒu	phr.	original
10.	性能	xìngnéng	n.	performance
11.	降低	jiàngdī	v.	reduce
12.	导致	dǎozhì	v.	result in
13.	中断	zhōngduàn	v.	interrupt
14.	效率	xiàolǜ	n.	efficiency
15.	下降	xiàjiàng	v.	decline

专业词语 zhuānyè cíyǔ Specialized Vocabulary 🎧 09-03

使用周期	shǐyòng zhōuqī	phr.	use cycle

B 🎧 09-04

Jīdiàn shèbèi de gùzhàng zhěnduàn shì gēnjù gùzhàng de biǎoxiàn, zài zhǎngwò shèbèi gè
机电设备的 故障 诊断 是根据 故障的 表现，在 掌握 设备各

bùfen gōngzuò yuánlǐ de qiántí xià, jiǎncè hé fēnxī shèbèi zhuàngtài, chámíng gùzhàng de wèizhì
部分工作原理的前提下，检测和分析设备 状态，查明 故障的位置

hé yuányīn, tíchū yǒuxiào de wéixiū duìcè。 Gùzhàng wéixiū de fāngfǎ bāokuò qìzhì língjiànfǎ、
和原因，提出有效的维修对策。故障 维修的方法包括弃置零件法、

xiūlǐ língjiànfǎ hé gēnghuàn língjiànfǎ.
修理零件法和 更换 零件法。

译文 yìwén Text in English

Based on the fault symptoms and under the premise of mastering the working principle of various parts of the equipment, the fault diagnosis of electromechanical equipment is to detect and analyze the equipment state, find out the location and cause of the fault, and put forward effective repair countermeasures. The fault maintenance methods include part discarding method, part repairing method and part replacement method.

普通词语 pǔtōng cíyǔ General Vocabulary 🎧 09-05

1.	诊断	zhěnduàn	v.	diagnose
2.	掌握	zhǎngwò	v.	master
3.	前提	qiántí	n.	premise
4.	分析	fēnxī	v.	analyze
5.	查明	chámíng	v.	find out
6.	提出	tíchū	v.	put forward
7.	有效	yǒuxiào	v.	effective
8.	对策	duìcè	n.	countermeasure
9.	更换	gēnghuàn	v.	replace

专业词语 zhuānyè cíyǔ Specialized Vocabulary 🎧 09-06

1.	工作原理	gōngzuò yuánlǐ	phr.	working principle
2.	弃置	qìzhì	v.	discard

三、视听说　shì-tīng-shuō　*Viewing, Listening and Speaking*

观看介绍机电设备故障分类的视频，将图片所示的设备故障归入不同类别，并说说故障类型的名称。

Watch the video introducing the classification of electromechanical equipment faults, categorize the equipment faults shown in the picture into different categories, and tell the names of the types of faults.

lòuyóu de shèbèi
A. 漏油的设备
oil leaking equipment

duànliè de zhóu
B. 断裂的轴
fractured bearing

shāohuài de diànjī
C. 烧坏的电机
burnt-out motor

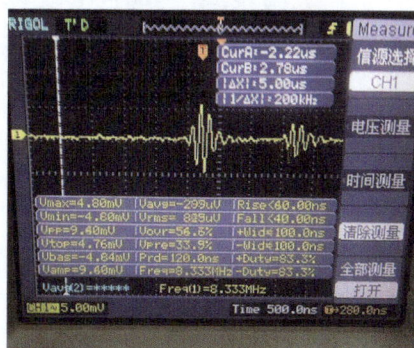

shītiáo de diànyā
D. 失调的电压
imbalanced voltage

mósǔn de pídài
E. 磨损的 皮带
worn belt

sōngtuō de luódīng
F. 松脱的 螺钉
loose screws

sǔnhuàixíng gùzhàng
① 损坏型 故障＿＿＿＿＿＿
damage faults

tuìhuàxíng gùzhàng
② 退化型 故障＿＿＿＿＿＿
degradation faults

sōngtuōxíng gùzhàng
③ 松脱型 故障＿＿＿＿＿＿
loosening faults

shītiáoxíng gùzhàng
④ 失调型 故障＿＿＿＿＿＿
imbalance faults

dǔsè huò shènlòu gùzhàng
⑤ 堵塞或 渗漏 故障＿＿＿＿＿＿
blockage or leakage faults

四、学以致用　xuéyǐzhìyòng　Practicing What You Have Learnt

观看介绍如何维修鼠标的视频，将下列图片按维修的步骤排列。**Watch the video introducing how to repair a mouse and rearrange the following pictures based on the repair steps.**

wéixiū shǔbiāo
维修鼠标
Repairing a Mouse

jiāng gè bùfen zhuānghuí
A. 将各部分 装回
put the parts back together

dǎmó chùdiǎn
B. 打磨触点
grind the contact point

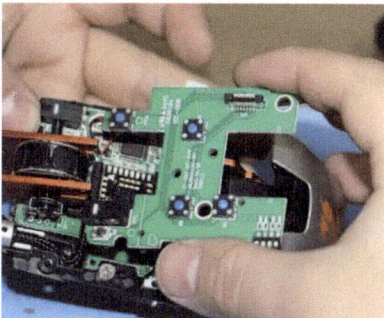

cóng kǎkòu shang qǔxià nèixīn
C. 从卡扣 上 取下 内芯
remove the inner core from the buckle

chāixiè luósī, dǎkāi wàiké
D. 拆卸螺丝，打开外壳
remove the screw and open the cover

qǔxià bōlún, qīnglǐ jīchén
E. 取下拨轮，清理积尘
remove the wheel and clear the dust

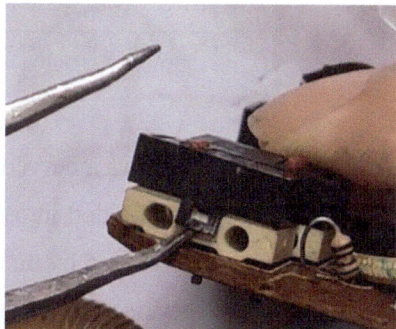

qiàokāi ànjiàn, zhǎodào qīngchù kāiguān
F. 撬开 按键，找到 轻触 开关
pry the button and find the touch switch

	→	→	→	→	→

五、小知识　xiǎo zhīshi　Tips

Yùpén qūxiàn
浴盆 曲线

Shèbèi de　gùzhànglù　suí shíjiān de　tuīyí chéng qūxiàn xíngzhuàng,　jí "yùpén qūxiàn".
设备的 故障率 随时间的 推移呈 曲线 形状，即"浴盆曲线"。

Shèbèi gùzhàng zhuàngtài fēn sān gè　shíqī：　yī、　zǎoqī gùzhàngqī.　Gùzhànglù　yóu gāo dào
设备 故障 状态 分三个时期：一、早期 故障期。故障率 由 高到

dī.　Zhǔyào yóu cáiliào quēxiàn、　zhìliàng chà、zhuāngpèi shīwù、　cāozuò bù shúliàn děng zàochéng.
低。主要 由材料缺陷、质量差、装配 失误、操作不熟练 等 造成。

Èr、　ǒurán gùzhàngqī.　Gùzhànglù　dī qiě wěndìng,　yě shì zuìjiā gōngzuòqī.　Sān、　hàosǔn
二、偶然故障期。故障率 低且稳定，也是最佳工作期。三、耗损

gùzhàngqī.　Gùzhànglù　jíjù shēnggāo,　mósǔn yánzhòng,　yǒuxiào shòumìng jiéshù.
故障期。故障率 急剧升高，磨损 严重，有效 寿命 结束。

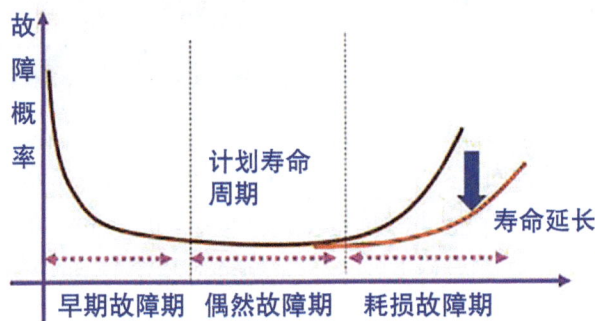

Bathtub Curve

The fault rate of equipment shows a curved shape over time, which is known as the "bathtub curve". The equipment fault status can be divided into three periods: 1. Early fault period. The fault rate ranges from high to low, which is mainly caused by material defects, poor quality, assembly errors, and unskilled operation. 2. Accidental fault period. The fault rate is low and stable, and it is also the best working period. 3. Wear and tear fault period. The fault rate sharply increases, the wear is severe, and the effective lifespan ends.

第二部分　Part 2

汉字　*Chinese Characters*

一、汉字知识　Hànzì zhīshi　Knowledge about Chinese Characters

汉字的偏旁（9）　**Radicals of Chinese characters (9)**

偏旁 Radicals	例字 Examples	部件组合 Combinations	结构图示 Illustrations
耳	聊	耳＋卯	▯▯
	职	耳＋只	▯▯
	取	耳＋又	▯▯
	联	耳＋关	▯▯
欠	歌	哥＋欠	▯▯
	歉	兼＋欠	▯▯
	欢	又＋欠	▯▯
冫	冷	冫＋令	▯▯
	准	冫＋隹	▯▯
	次	冫＋欠	▯▯
彳	行	彳＋丁	▯▯
	得	彳＋寻	▯▯
	律	彳＋聿	▯▯
	很	彳＋艮	▯▯

二、汉字认读与书写　Hànzì rèndú yǔ shūxiě　The Recognition and Writing of Chinese Characters

认读下列词语，并试着读写构成词语的汉字。**Recognize the following words, and try to read and write the Chinese characters forming these words.**

取下　　欧姆表　　冷却泵　　运行

取			下								
欧			姆			表					
冷			却			泵					
运			行								

第三部分　Part 3

日常用语　*Daily Expressions*

❶ 我们很乐意帮忙。Wǒmen hěn lèyì bāngmáng. We are happy to be of help.

❷ 我保证通力合作。Wǒ bǎozhèng tōnglì hézuò. I can assure you of our full cooperation.

第四部分　Part 4

单元实训　*Unit Practical Training*

机电设备的常见故障与维修
Common Faults and Repair of Electromechanical Equipment

实训目的 Training purpose

通过本次实训，学生能够对机电设备的常见故障进行检测分析并维修。

Through this practical training, students will be able to detect, analyze, and repair common faults in electromechanical equipment.

实训组织 Training organization

每组 4 人，分工合作。

Each group consists of four people and works in cooperation with a due division of labor.

实训步骤 Training steps

❶ 教师通过视频介绍机电设备故障的分类、常见故障检测分析的方法。

The teacher introduces the classification of electromechanical equipment faults and common fault detection and analysis methods through videos.

❷ 教师带来一些损坏的小家电，每小组领取一个，进行检测分析和维修。教师给予必要的指导和帮助。任务完成后，每组派代表和全班分享故障检测分析的结果和维修的步骤。教师点评。

The teacher brings some small damaged household appliances, and each group receives one for detection, analysis and repair. The teacher gives necessary guidance and help. After completing the task, each group sends a representative to share the results of fault detection and analysis and repair steps with the class. The teacher comments.

❸ 学生在教师的带领下，进入机电生产车间，采用抽签的方式，每小组对应一种机电设备，跟着教师学习设备常见故障的检测分析和维修方法。

Under the guidance of the teacher, students enter the electromechanical production workshop and draw lots. Each group corresponds to a type of electromechanical equipment and learn to detect, analyze, and repair common equipment faults from their teacher.

❹ 小组成员进行总结，派代表向全班分享。

The group members make a summary and send a representative to share with the class.

❺ 教师点评。

The teacher makes a comment.

第五部分　Part 5

单元小结　*Unit Summary*

普通词语　General Vocabulary

1.	故障	gùzhàng	n.	fault, malfunction
2.	内	nèi	n.	in
3.	暂时	zànshí	adj.	temporary
4.	丧失	sàngshī	v.	lose
5.	规定	guīdìng	v.	prescribe
6.	表现	biǎoxiàn	v./n.	manifest; manifestation
7.	某些	mǒu xiē	phr.	some
8.	失去	shīqù	v.	lose
9.	原有	yuányǒu	phr.	original
10.	性能	xìngnéng	n.	performance
11.	降低	jiàngdī	v.	reduce
12.	导致	dǎozhì	v.	result in
13.	中断	zhōngduàn	v.	interrupt
14.	效率	xiàolǜ	n.	efficiency
15.	下降	xiàjiàng	v.	decline
16.	诊断	zhěnduàn	v.	diagnose
17.	掌握	zhǎngwò	v.	master
18.	前提	qiántí	n.	premise
19.	分析	fēnxī	v.	analyze
20.	查明	chámíng	v.	find out
21.	提出	tíchū	v.	put forward
22.	有效	yǒuxiào	v.	effective
23.	对策	duìcè	n.	countermeasure
24.	更换	gēnghuàn	v.	replace

专业词语　Specialized Vocabulary

1.	使用周期	shǐyòng zhōuqī	phr.	use cycle
2.	工作原理	gōngzuò yuánlǐ	phr.	working principle
3.	弃置	qìzhì	v.	discard

补充专业词语　Supplementary Specialized Vocabulary

1.	冷却泵	lěngquèbèng	n.	cooling pump
2.	卡扣	kǎkòu	n.	buckle

cíyǔ **词语** Vocabulary	3. 内芯	nèixīn	n.	inner core
	4. 拨轮	bōlún	n.	wheel
	5. 按键	ànjiàn	n.	button
	6. 轻触开关	qīngchù kāiguān	phr.	touch switch
	7. 故障率	gùzhànglǜ	n.	fault rate
	8. 浴盆曲线	yùpén qūxiàn	phr.	bathtub curve
	9. 有效寿命	yǒuxiào shòumìng	phr.	effective lifespan

jùzi **句子** Sentences	1. 机电设备故障是指设备在其正常使用周期内，由于磨损或不正确的操作，暂时丧失其规定功能的状况。 2. 根据故障的表现，在掌握设备各部分工作原理的前提下，检测和分析设备状态，查明故障的位置和原因，提出有效的维修对策。 3. 故障维修的方法包括弃置零件法、修理零件法和更换零件法。

10

Zhìnéng zhìzào xìtǒng
智能制造系统
Intelligent Manufacturing System

zhìnéng zhìzào zìdòng shēngchǎnxiàn shang jīqìrén de gōngzuò
智能制造自动 生产线 上机器人的工作
The Work of Robots on Intelligent Manufacturing Automatic Production Lines

hànjiē língjiàn
焊接零件
Weld Parts

gěi língjiàn pēnqī
给 零件喷漆
Paint Parts

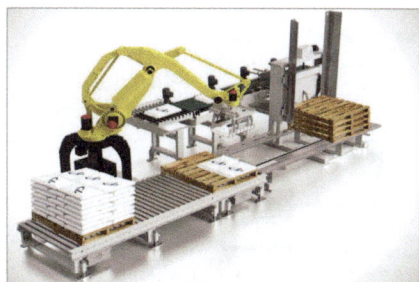

bānyùn
搬运
Transport

zhuāngpèi língjiàn
装配 零件
Assemble Parts

bǎ shēngchǎn hǎo de língjiàn mǎduò
把 生产 好的零件码垛
Stack the Produced Parts

题解　Introduction

1. 学习内容：智能制造系统的数据流转过程、构成、层次和环节。
   Learning content: The data flow process, compositions, levels, and links of intelligent manufacturing system
2. 知识目标：掌握与智能制造系统相关的关键词，了解汉字的偏旁"穴""田""力""牛"，学写相关汉字。
   Knowledge objectives: To master the keywords related to intelligent manufacturing system, understand the radicals of Chinese characters "穴"，"田"，"力"，"牛", and learn to write the related Chinese characters
3. 技能目标：能够了解智能制造生产线的应用及组成。
   Skill objective: To be able to learn about the application and composition of intelligent manufacturing production lines

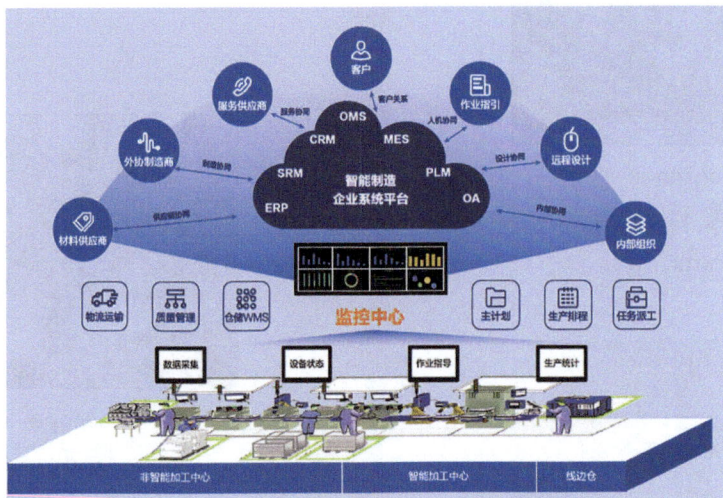

第一部分　Part 1

课文　Texts

一、热身　rèshēn　Warm-up

1. 给词语选择对应的图片。Choose the corresponding picture for each word.

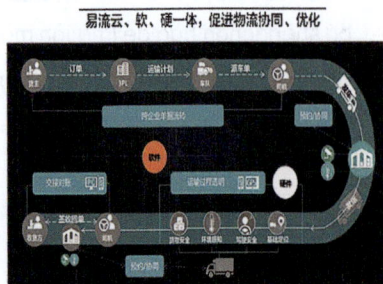

A.

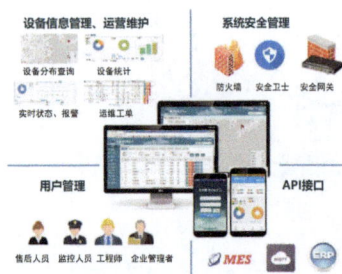

B.

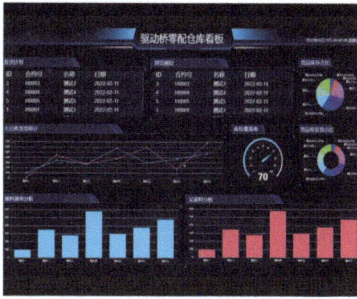

C.

D.

① chǎnpǐn xìnxī shùjù
产品信息数据 _____
product information data

② wùliú shùjù
物流数据 _____
logistics data

③ shèbèi zhuàngtài shùjù
设备 状态 数据 _____
device status data

④ shēngchǎn tǒngjì shùjù
生产 统计数据 _____
production statistics

2. 观看介绍智能制造系统数据流的视频，找出智能制造系统数据的流转过程。**Watch the video introducing the data flow of intelligent manufacturing system and find out its data flow process.**

zhìnéng zhìzào xìtǒng shùjù de liúzhuǎn guòchéng
智能 制造系统数据的 流转 过程
Data Transfer Process of Intelligent Manufacturing System

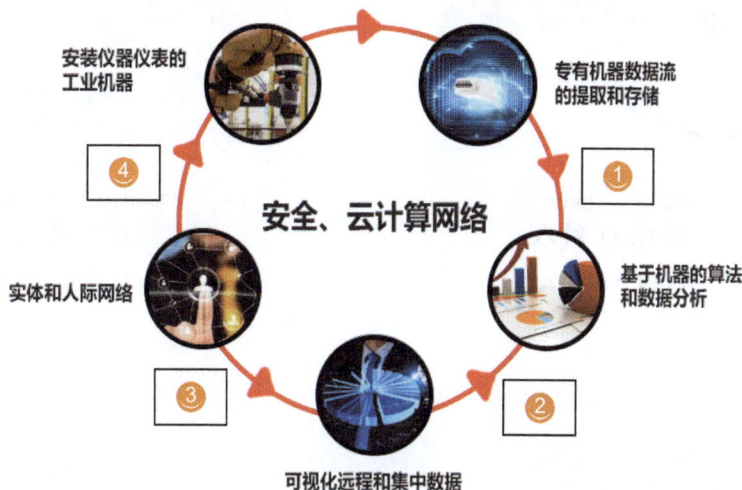

智能制造：大数据循环

安装仪器仪表的工业机器

专有机器数据流的提取和存储 ①

基于机器的算法和数据分析

安全、云计算网络

② 可视化远程和集中数据

③ 实体和人际网络

④

shùjù fēnxī
A. 数据分析
data analysis

shùjù fǎnhuí
B. 数据返回
data return

shùjù tíqǔ
C. 数据提取
data extraction

shùjù fēnxiǎng
D. 数据分享
data sharing

① _____ ② _____ ③ _____ ④ _____

二、课文　kèwén　Texts

A 🎧 10-01

Zhìnéng zhìzào xìtǒng shì yì zhǒng yóu zhìnéng jīqì hé rénlèi zhuānjiā gòngtóng zǔchéng de
智能制造系统是一种 由智能 机器和人类专家 共同 组成 的

rén-jī yìtǐhuà zhìnéng xìtǒng, jièzhù jìsuànjī mónǐ rénlèi zhuānjiā de zhìnéng huódòng jìnxíng
人机一体化智能系统，借助计算机模拟人类专家 的智能 活动 进行

fēnxī、 tuīlǐ、 pànduàn、 gòusī hé juécè děng. Zhìnéng zhìzào de guānjiàn shì jīqì、 3D
分析、推理、判断、构思和决策等。智能 制造的关键 是机器、3D

dǎyìn hé chuángǎnqì.
打印和传感器。

chuángǎnqì
传感器
sensor

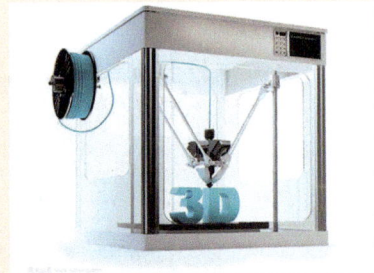

3D dǎyìnjī
3D 打印机
3D printer

mǎduò jīqìrén
码垛机器人
robot palletizer

zhuāngpèi jīqìrén
装配 机器人
assembly robot

译文 yìwén Text in English

Intelligent manufacturing system is a human-machine integrated intelligent system composed of intelligent machines and human experts. It uses computers to simulate the intelligent activities of human experts for analysis, reasoning, judgment, conceiving, and decision-making. The key to intelligent manufacturing is machines, 3D printing, and sensors.

普通词语 pǔtōng cíyǔ General Vocabulary 🎧 10-02

1.	人类	rénlèi	n.	human
2.	专家	zhuānjiā	n.	expert
3.	共同	gòngtóng	adj.	common
4.	借助	jièzhù	v.	have the aid of
5.	推理	tuīlǐ	v.	reason, infer
6.	判断	pànduàn	v.	judge
7.	构思	gòusī	v.	conceive
8.	决策	juécè	v. /n.	make a decision; decision-making
9.	关键	guānjiàn	n.	key, crux

专业词语 zhuānyè cíyǔ Specialized Vocabulary 🎧 10-03

1.	智能	zhìnéng	n.	intelligent
2.	人机一体化	rén-jī yìtǐhuà	phr.	human-machine integration
3.	模拟	mónǐ	v.	simulate
4.	3D 打印	3D dǎyìn	phr.	3D printing

B 🎧 10-04

Zhìnéng zhìzào shēngchǎnxiàn fùgài zìdònghuà shèbèi、 shùzìhuà chējiān、 zhìnénghuà gōngchǎng
智能制造 生产线 覆盖自动化设备、数字化车间、智能化 工厂

sān gè céngcì. Guànchuān zhìnéng zhìzào de liù dà huánjié shì zhìnéng guǎnlǐ、 zhìnéng jiānkòng、
三个层次。贯穿 智能 制造的六大环节是智能 管理、智能 监控、

zhìnéng jiāgōng、 zhìnéng zhuāngpèi、 zhìnéng jiǎncè、 zhìnéng wùliú.
智能 加工、智能 装配、智能 检测、智能物流。

zìdònghuà shèbèi
自动化 设备
automation equipment

shùzìhuà chējiān
数字化 车间
digital workshop

zhìnénghuà gōngchǎng
智能化 工厂
intelligent factory

普通词语 pǔtōng cíyǔ General Vocabulary 🎧 10-05

1.	覆盖	fùgài	v.	cover
2.	层次	céngcì	n.	level
3.	贯穿	guànchuān	v.	run through
4.	环节	huánjié	n.	link

专业词语 zhuānyè cíyǔ Specialized Vocabulary 🎧 10-06

1.	制造生产线	zhìzào shēngchǎnxiàn	phr.	manufacturing line
2.	自动化设备	zìdònghuà shèbèi	phr.	automation equipment
3.	数字化车间	shùzìhuà chējiān	phr.	digital workshop
4.	智能化工厂	zhìnénghuà gōngchǎng	phr.	intelligent factory
5.	监控	jiānkòng	v.	monitor
6.	装配	zhuāngpèi	v.	assemble
7.	物流	wùliú	n.	logistics

三、视听说 shì-tīng-shuō Viewing, Listening and Speaking

观看介绍智能生产线上刀具的智能管控流程的视频，填写图中所缺流程，并说说刀具的智能管控流程。

Watch the video introducing the intelligent control process of cutting tools on an intelligent production line, fill in the missing process in the diagram, and talk about the intelligent control process of cutting tools.

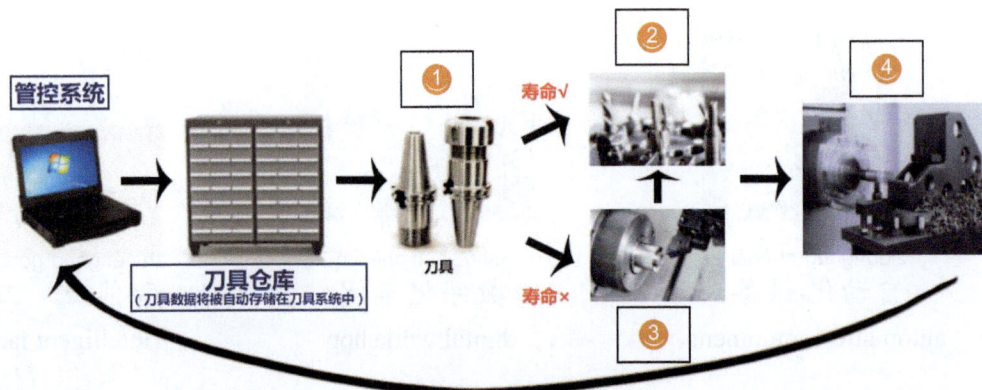

duìdāoyí	dāojù shòumìng	jīchuáng	dāojù móxiāo
A. 对刀仪	B. 刀具 寿命	C. 机床	D. 刀具磨削
cutting tool setting gauge	cutting tool's service life	machine tool	cutting tool grinding

❶ _____ ❷ _____ ❸ _____ ❹ _____

四、学以致用 xuéyǐzhìyòng Practicing What You Have Learnt

观看介绍智能制造自动生产线上机器人工作的视频，判断并勾画智能制造自动生产线上的机器人分别做了哪些工作。**Watch the video introducing the work of robots on intelligent manufacturing automatic production lines, judge and outline what tasks the robots on the intelligent manufacturing automatic production lines have done.**

zhìnéng zhìzào zìdòng shēngchǎnxiàn shang   jīqìrén   de gōngzuò
智能 制造 自动   生产线   上 机器人的 工作
Work of the Robots on the Intelligent Manufacturing Automatic Production Lines

工作内容	hànjiē 焊接 welding	zhuāngpèi 装配 assembling	dǎsǎo 打扫 sweeping	pēnqī 喷漆 paint spraying	mǎduò 码垛 stacking	jiàshǐ 驾驶 driving	bānyùn 搬运 transporting
√/×							

五、小知识　xiǎo zhīshi　Tips

3D　dǎyìn　jìshù
3D 打印技术

3D　dǎyìnjī　nèi zhuāngyǒu jīnshǔ、 táocí、 sùliào、 shā děng bù tóng de "dǎyìn
3D 打印机内 装有 金属、陶瓷、塑料、砂 等不同 的 "打印

cáiliào"， shì shíshízàizài de yuáncáiliào.　 Dǎyìnjī　yǔ diànnǎo liánjiē hòu,　tōngguò diànnǎo
材料"，是实实在在的原材料。打印机与电脑连接后， 通过 电脑

kòngzhì kěyǐ bǎ　"dǎyìn cáiliào"　"dǎyìn"　chū zhēnshí de　3D wùtǐ,　bǐrú dǎyìn
控制 可以把 "打印材料""打印" 出真实 的 3D 物体，比如打印

yí gè　jīqìrén,　dǎyìn wánjùchē,　dǎyìn gèzhǒng móxíng,　shènzhì shì shíwù děng.
一个机器人，打印玩具车，打印各种 模型，甚至是食物 等。

3D Printing Technology

The 3D printer contains various printing materials such as metal, ceramic, plastic, and sand, which are tangible raw materials. After connecting the printer to the computer, the "printing materials" can be controlled by the computer and "printed" into real 3D objects, such as robots, toy cars, various models, and even food, etc.

第二部分　Part 2
汉字　*Chinese Characters*

一、汉字知识　Hànzì zhīshi　Knowledge about Chinese Characters

汉字的偏旁（10）**Radicals of Chinese characters (10)**

偏旁 Radicals	例字 Examples	部件组合 Combinations	结构图示 Illustrations
穴	空	穴＋工	⊟
	突	穴＋犬	⊟
	穿	穴＋牙	⊟

（续表）

偏旁 Radicals	例字 Examples	部件组合 Combinations	结构图示 Illustrations
田	男	田＋力	
	累	田＋糸	
	思	田＋心	
	备	夂＋田	
	留	𰯟＋田	
力	加	力＋口	
	动	云＋力	
	努	奴＋力	
牛	物	牛＋勿	
	特	牛＋寺	

二、汉字认读与书写　Hànzì rèndú yǔ shūxiě　The Recognition and Writing of Chinese Characters

认读下列词语，并试着读写构成词语的汉字。**Recognize the following words, and try to read and write the Chinese characters forming these words.**

监控　　构思　　借助　　物流

监			控			构			思		
借			助			物			流		

第三部分　Part 3

日常用语　*Daily Expressions*

❶ 这是我们共同的愿望。Zhè shì wǒmen gòngtóng de yuànwàng. This is our common wish.

❷ 百闻不如一见。Bǎi wén bù rú yí jiàn. Seeing is believing.

❸ 英雄所见略同！　Yīngxióng suǒ jiàn lüè tóng! Great minds think alike!

第四部分　Part 4

单元实训 *Unit Practical Training*

智能制造生产线
Intelligent Manufacturing Production Line

实训目的 Training purpose

通过本次实训，学生能够了解智能制造生产线的组成及应用。

Through this practical training, students will be able to understand the composition and application of intelligent manufacturing production lines.

实训组织 Training organization

每组 4 人，分工合作。每组准备一台笔记本电脑，具备上网条件。

Each group consists of four people and works in cooperation with a due division of labor. Each group prepares a laptop with Internet access.

实训步骤 Training steps

① 学生按要求穿戴好 PPE 以后，进入智能制造中心，在教师的带领下先了解该生产线所生产的零件。

After wearing PPE as required, the students enter the intelligent manufacturing center and learn about the parts produced by the production line under the guidance of the teacher.

② 找到上料机构，分析其构成及应用技术。

Find the feed mechanism, analyze its components and technology used.

③ 根据毛坯料位置，分析物料流向及应用技术。

Analyze the material flow direction and application technology based on the position of raw materials.

④ 找到自动化加工区域，分析其加工设备及刀具管理系统。

Find the automatic processing area, analyze its processing equipment and cutting tool management system.

⑤ 加工完成后，分析其检测设备及应用技术。

After processing, analyze its testing equipment and application technology.

⑥ 找到 AGV 小车，并分析其入库运送路线。

Find the AGV trolley and analyze its inbound delivery route.

⑦ 以小组为单位，制作相关信息 PPT，并向全班演示。

Make PPT of relevant information in groups, and present to the whole class.

⑧ 教师点评。

The teacher makes a comment.

第五部分　Part 5

单元小结 *Unit Summary*

cíyǔ 词语 Vocabulary	普通词语　General Vocabulary			
	1. 人类	rénlèi	n.	human
	2. 专家	zhuānjiā	n.	expert

3.	共同	gòngtóng	adj.	common
4.	借助	jièzhù	v.	have the aid of
5.	推理	tuīlǐ	v.	reason, infer
6.	判断	pànduàn	v.	judge
7.	构思	gòusī	v.	conceive
8.	决策	juécè	v. /n.	make a decision; decision-making
9.	关键	guānjiàn	n.	key, crux
10.	覆盖	fùgài	v.	cover
11.	层次	céngcì	n.	level
12.	贯穿	guànchuān	v.	run through
13.	环节	huánjié	n.	link

专业词语　Specialized Vocabulary

1.	智能	zhìnéng	n.	intelligent
2.	人机一体化	rén-jī yìtǐhuà	phr.	human-machine integration
3.	模拟	mónǐ	v.	simulate
4.	3D 打印	3D dǎyìn	phr.	3D printing
5.	制造生产线	zhìzào shēngchǎnxiàn	phr.	manufacturing line
6.	自动化设备	zìdònghuà shèbèi	phr.	automation equipment
7.	数字化车间	shùzìhuà chējiān	phr.	digital workshop
8.	智能化工厂	zhìnénghuà gōngchǎng	phr.	intelligent factory
9.	监控	jiānkòng	v.	monitor
10.	装配	zhuāngpèi	v.	assemble
11.	物流	wùliú	n.	logistics

补充专业词语　Supplementary Specialized Vocabulary

1.	产品信息数据	chǎnpǐn xìnxī shùjù	phr.	product information data
2.	物流数据	wùliú shùjù	phr.	logistics data
3.	设备状态数据	shèbèi zhuàngtài shùjù	phr.	device status data
4.	生产统计数据	shēngchǎn tǒngjì shùjù	phr.	production statistics
5.	大数据循环	dàshùjù xúnhuán	phr.	big data cycle
6.	数据提取	shùjù tíqǔ	phr.	data extraction
7.	数据分析	shùjù fēnxī	phr.	data analysis

cíyǔ
词语
Vocabulary

cíyǔ 词语 Vocabulary	8.	数据分享	shùjù fēnxiǎng	phr.	data sharing
	9.	数据返回	shùjù fǎnhuí	phr.	data return

jùzi 句子 Sentences	1. 智能制造的关键是机器、3D 打印和传感器。 2. 智能制造生产线覆盖自动化设备、数字化车间、智能化工厂三个层次。 3. 贯穿智能制造的六大环节是智能管理、智能监控、智能加工、智能装配、智能检测、智能物流。

附录　Appendixes

词汇总表　Vocabulary

序号	生词	拼音	词性	词义	普通G 专业S	所属 单元
1	安置	ānzhì	v.	place, put	G	2A
2	按键	ànjiàn	n.	button	S	9
3	白炽灯	báichìdēng	n.	incandescent lamp	S	2B
4	白炽灯泡	báichìdēngpào	n.	incandescent bulb	S	6
5	钣金	bǎnjīn	n.	sheet metal	S	8
6	棒状	bàngzhuàng	n.	rod-shaped	S	4A
7	保护	bǎohù	v.	protect	G	2A
8	保护开关	bǎohù kāiguān	phr.	protection switch	S	3B
9	保险丝	bǎoxiǎnsī	n.	fuse	S	2A
10	保险丝盒	bǎoxiǎnsīhé	n.	fuse box	S	2
11	被	bèi	prep.	*used in a passive sentence to introduce the agent/doer*	G	2A
12	被测数据	bèicè shùjù	phr.	measured data	S	6B
13	笔头	bǐtóu	n.	tip of the probe	S	6A
14	必须	bìxū	adv.	must	G	4A
15	闭合导线	bìhé dǎoxiàn	phr.	closed traverse	S	1
16	编	biān	v.	write	G	7B
17	编程	biānchéng	v.	program	S	7A
18	扁平电缆	biǎnpíng diànlǎn	phr.	flat cable	S	1
19	变革	biàngé	v.	change, transform	G	2B
20	标准	biāozhǔn	n.	standard	G	2A
21	表笔	biǎobǐ	n.	probe	S	6A
22	表头	biǎotóu	n.	meter head	S	5B
23	表现	biǎoxiàn	v./n.	manifest; manifestation	G	9A
24	拨轮	bōlún	n.	wheel	S	9
25	不断	búduàn	adv.	continuous	G	7B
26	不明	bù míng	phr.	unknown	G	6B
27	部件	bùjiàn	n.	component	G	5B
28	材料	cáiliào	n.	material	G	1A
29	采样	cǎiyàng	v.	sample	G	7B
30	参量	cānliàng	n.	parameter	S	5A

（续表）

序号	生词	拼音	词性	词义	普通G 专业S	所属 单元
31	操作手柄	cāozuò shǒubǐng	phr.	operating handle	S	3
32	测	cè	v.	measure	G	6A
33	测量值	cèliángzhí	n.	measured value	S	5B
34	层次	céngcì	n.	level	G	10B
35	插槽	chācáo	n.	slot	S	4A
36	插孔	chākǒng	n.	jack, socket	S	6B
37	插入	chārù	phr.	insert	G	4A
38	插头	chātóu	n.	plug	S	4A
39	插销	chāxiāo	n.	pin	S	4A
40	插座	chāzuò	n.	socket	S	2
41	查明	chámíng	v.	find out	G	9B
42	产品	chǎnpǐn	n.	product	G	1B
43	产品信息数据	chǎnpǐn xìnxī shùjù	phr.	product information data	S	10
44	超过	chāoguò	v.	exceed	G	3A
45	超期服役	chāoqī fúyì	phr.	overdue service	S	4
46	称为	chēngwéi	phr.	be called	G	1A
47	成为	chéngwéi	v.	become	G	1B
48	程度	chéngdù	n.	degree	G	8B
49	充电器	chōngdiànqì	n.	charger	G	4B
50	出现	chūxiàn	v.	occur	G	3A
51	除……外	chú…wài	phr.	besides	G	3A
52	处理	chǔlǐ	v.	handle	G	8A
53	处	chù	n.	position, place	G	6A
54	传输	chuánshū	v.	transmit	G	1A
55	磁电式仪表	cídiànshì yíbiǎo	phr.	magnetoelectric instrument	S	5A
56	次	cì	m.	time	G	2B
57	存储器	cúnchǔqì	n.	memory	S	7A
58	达到	dá//dào	v.	achieve, reach	G	8B
59	大数据循环	dàshùjù xúnhuán	phr.	big data cycle	S	10
60	带有	dàiyǒu	phr.	have; with	G	5A
61	待	dài	v.	be going to, be about to	G	6A
62	单	dān	adj.	single	G	1A

（续表）

序号	生词	拼音	词性	词义	普通G 专业S	所属 单元
63	单股线	dāngǔxiàn	n.	single-stranded wire	S	1A
64	单芯	dānxīn	n.	single-core	S	1A
65	弹子油杯	dànzǐ yóubēi	phr.	forced filling oil cup	S	8
66	导电	dǎodiàn	v.	conduct electricity	G	1A
67	导轨面	dǎoguǐmiàn	n.	guide surface	S	8
68	导线	dǎoxiàn	n.	conducting wire	S	1A
69	导致	dǎozhì	v.	result in	G	9A
70	地	de	part.	*used after an adjective/a phrase to form an adverbial adjunct before the verb*	G	3A
71	低阻	dīzǔ	n.	low resistance	S	5
72	地	dì	n.	region	G	1B
73	地线	dìxiàn	n.	ground line	S	1
74	地址号	dìzhǐhào	n.	address number	S	7B
75	电磁线	diàncíxiàn	n.	electromagnetic wire	S	1
76	电感线圈	diàngǎn xiànquān	phr.	inductance coil	S	1
77	电极	diànjí	n.	electrode	S	2
78	电缆	diànlǎn	n.	cable	S	1B
79	电力系统	diànlì xìtǒng	phr.	electrical power system	G	1B
80	电流表	diànliúbiǎo	n.	ammeter	S	5A
81	电路	diànlù	n.	circuit	S	2A
82	电气线路	diànqì xiànlù	phr.	electrical circuit	S	1A
83	电容	diànróng	n.	capacitance	S	5
84	电线	diànxiàn	n.	(electric) wire	S	1B
85	电学	diànxué	n.	electricity	S	5A
86	电压表	diànyābiǎo	n.	voltmeter	S	5A
87	电子产品	diànzǐ chǎnpǐn	phr.	electrical product	G	4A
88	电子元器件	diànzǐ yuánqìjiàn	phr.	electronic component	S	2B
89	电子镇流器	diànzǐ zhènliúqì	phr.	electronic ballast	S	6
90	电子装置	diànzǐ zhuāngzhì	phr.	electronic device	S	7A
91	定期	dìngqī	adj.	regular	G	8B
92	定时	dìngshí	v.	time, fix a time (for doing sth.)	G	7A
93	定义	dìngyì	v.	define	G	2A
94	读取	dúqǔ	v.	read	S	5B

（续表）

序号	生词	拼音	词性	词义	普通 G 专业 S	所属 单元
95	端子排	duānzǐpái	n.	terminal block	S	1
96	对策	duìcè	n.	countermeasure	G	9B
97	对象	duìxiàng	n.	object	G	6B
98	多	duō	adv.	(used after a numeral) over	G	2B
99	多功能	duōgōngnéng	adj.	multifunctional	G	5B
100	多股线	duōgǔxiàn	n.	multi-stranded wire	S	1A
101	多机通信	duōjī tōngxìn	phr.	multi-machine communication	S	7
102	多芯	duōxīn	n.	multi-core	S	1A
103	额定	édìng	adj.	rated	S	3A
104	而	ér	conj.	used to join clauses that show a contrast	G	4A
105	耳机	ěrjī	n.	headset	G	4B
106	二者	èr zhě	phr.	both	G	4A
107	方式	fāngshì	n.	way, manner	G	4A
108	防范	fángfàn	v.	prevent	G	8A
109	防锈油	fángxiùyóu	n.	anti-rust oil	S	8
110	分别	fēnbié	adv.	respectively	G	6A
111	分断	fēnduàn	v.	break, disconnect	S	3A
112	分为	fēnwéi	phr.	divide into	G	1A
113	分析	fēnxī	v.	analyze	G	9B
114	附合导线	fùhé dǎoxiàn	phr.	connecting traverse	S	1
115	覆盖	fùgài	v.	cover	G	10B
116	改善	gǎishàn	v.	improve	G	8A
117	概念	gàiniàn	n.	concept	G	8B
118	干摩擦	gān mócā	phr.	unlubricated friction	S	8A
119	高度	gāodù	n.	height	G	2A
120	各项	gè xiàng	phr.	various	G	6B
121	根	gēn	m.	a measure word for long thin pieces	G	1A
122	根据	gēnjù	prep.	according to	G	6B
123	更换	gēnghuàn	v.	replace	G	9B
124	工业	gōngyè	n.	industry	G	7A
125	工作原理	gōngzuò yuánlǐ	phr.	working principle	G	9B
126	公接头	gōngjiētóu	n.	male connector	S	4A
127	功率	gōnglǜ	n.	rate of work	S	3

（续表）

序号	生词	拼音	词性	词义	普通G 专业S	所属单元
128	功能	gōngnéng	n.	function	G	3A
129	功能块图	gōngnéngkuàitú	n.	function block diagram	S	7
130	共同	gòngtóng	adj.	common	G	10A
131	构思	gòusī	v.	conceive	G	10A
132	股	gǔ	m.	*a measure word for sth. long and narrow*	G	1A
133	故障	gùzhàng	n.	fault, malfunction	G	9A
134	故障率	gùzhànglǜ	n.	fault rate	S	9
135	关键	guānjiàn	n.	key, crux	G	10A
136	贯穿	guànchuān	v.	run through	G	10B
137	规定	guīdìng	v.	prescribe	G	9A
138	轨道交通	guǐdào jiāotōng	phr.	rail transit	G	1B
139	过滤网	guòlǜwǎng	n.	filter screen	S	8
140	过载	guòzài	v.	overload	S	2A
141	过	guo	part.	*used after a verb to indicate the completion of an action*	G	2B
142	海洋工程	hǎiyáng gōngchéng	phr.	marine engineering	G	1B
143	航空航天	hángkōng hángtiān	phr.	aerospace	G	1B
144	核心	héxīn	n.	core	G	5B
145	核心部件	héxīn bùjiàn	phr.	core component	G	5B
146	环保	huánbǎo	n.	environmental protection	G	1B
147	环节	huánjié	n.	link	G	10B
148	黄油杯	huángyóubēi	n.	grease cup	S	8
149	火线	huǒxiàn	n.	live line	S	6A
150	基本	jīběn	adj.	basic	G	8B
151	基本要求	jīběn yāoqiú	phr.	basic requirement	G	8B
152	极其	jíqí	adv.	extremely	G	2B
153	即	jí	v.	i.e.	G	7A
154	即可	jíkě	v.	be enough	G	6B
155	集……于一身	jí…yú yìshēn	phr.	combine with	G	3A
156	集……于一体	jí… yú yìtǐ	phr.	integrate	G	5A
157	计数	jì//shù	v.	count	G	7A
158	加密	jiā//mì	v.	encrypt	S	1

（续表）

序号	生词	拼音	词性	词义	普通G专业S	所属单元
159	家用	jiāyòng	adj.	household	G	4A
160	家用电器	jiāyòng diànqì	phr.	household appliance	S	6
161	监控	jiānkòng	v.	monitor	S	10B
162	将	jiāng	prep.	*used to introduce the object before the verb*	G	2A
163	降低	jiàngdī	v.	reduce	G	9A
164	交流	jiāoliú	n.	AC (alternating current)	S	4A
165	交流电源	jiāoliú diànyuán	phr.	AC power supply	S	4A
166	绞合	jiǎohé	v.	twist	G	1A
167	阶段	jiēduàn	n.	phase	G	7B
168	接地保护	jiēdì bǎohù	phr.	grounding protection	S	4B
169	接脚	jiējiǎo	n.	pin	S	2
170	接线端子	jiēxiàn duānzǐ	phr.	wiring terminal	S	1
171	借助	jièzhù	v.	have the aid of	G	10A
172	金属合金导线	jīnshǔ héjīn dǎoxiàn	phr.	metal alloy wire	S	2B
173	金属线	jīnshǔxiàn	n.	metal wire	G	1A
174	紧固螺丝	jǐngù luósī	phr.	tightening screw	S	3
175	近年来	jìnnián lái	phr.	in recent years	G	1B
176	经济	jīngjì	n.	economics	G	1B
177	经历	jīnglì	v.	undergo	G	2B
178	决策	juécè	v. /n.	make a decision; decision-making	G	10A
179	均匀	jūnyún	adj.	uneven	S	5
180	卡扣	kǎkòu	n.	buckle	S	9
181	开始	kāishǐ	v.	begin, start	G	1B
182	刻度线	kèdùxiàn	n.	scale mark	S	5
183	空气	kōngqì	n.	air	S	3A
184	空气断路器	kōngqì duànlùqì	phr.	air circuit breaker	S	3A
185	空气开关	kōngqì kāiguān	phr.	air switch	S	3A
186	快	kuài	adj.	rapid	G	1B
187	框架式	kuàngjiàshì	n.	frame type	S	3B
188	冷却泵	lěngquèbèng	n.	cooling pump	S	9
189	历史	lìshǐ	n.	history	G	2B
190	连接头	liánjiētóu	n.	connector	S	4A
191	量程	liángchéng	n.	range	S	6B

（续表）

序号	生词	拼音	词性	词义	普通G 专业S	所属 单元
192	两脚插头	liǎngjiǎo chātóu	phr.	two-pin plug	S	4B
193	灵敏电流计	língmǐn diànliújì	phr.	sensitive galvanometer	S	5
194	零	líng	num.	null, zero	G	6A
195	零线	língxiàn	n.	null line	S	1
196	领域	lǐngyù	n.	area, field	G	1B
197	逻辑控制器	luójí kòngzhìqì	phr.	logic controller	S	7A
198	逻辑运算	luójí yùnsuàn	phr.	logical operation	S	7A
199	铝导线	lǚdǎoxiàn	n.	aluminum conducting wire	S	1A
200	麦克风	màikèfēng	n.	microphone	G	4B
201	满刻度	mǎnkèdù	n.	full scale	S	6B
202	每	měi	pron.	each, every	G	7B
203	名	míng	v.	be known as	G	3A
204	模拟	mónǐ	v.	simulate	S	10A
205	模拟控制	mónǐ kòngzhì	phr.	analog control	S	7
206	模拟式	mónǐshì	n.	analog	S	7A
207	磨损	mósǔn	v.	wear and tear	G	8A
208	某些	mǒu xiē	phr.	some	G	9A
209	母接头	mǔjiētóu	n.	female connector	S	4A
210	内	nèi	n.	in	G	9A
211	内部应力	nèibù yìnglì	phr.	internal stress	S	8A
212	内芯	nèixīn	n.	inner core	S	9
213	能够	nénggòu	aux.	can	G	1A
214	年	nián	m.	*used to count the number of years*	G	2B
215	判断	pànduàn	v.	judge	G	10A
216	配电网络	pèidiàn wǎngluò	phr.	power distribution network	S	3B
217	配套	pèi//tào	v.	match	G	4A
218	频繁	pínfán	adj.	frequent	G	3A
219	屏蔽线	píngbìxiàn	n.	shielded wire	S	1
220	其	qí	pron.	its	G	2A
221	启动	qǐdòng	v.	start	G	3A
222	弃置	qìzhì	v.	discard	S	9B
223	前提	qiántí	n.	premise	G	9B
224	欠电压	qiàn diànyā	phr.	under-voltage	S	3A

（续表）

序号	生词	拼音	词性	词义	普通G 专业S	所属单元
225	切断	qiēduàn	phr.	cut off	G	2A
226	切换	qiēhuàn	v.	change over	G	6B
227	轻触开关	qīngchù kāiguān	phr.	touch switch	S	9
228	区分	qūfēn	v.	differentiate	G	1A
229	趋势	qūshì	n.	trend	G	1B
230	全球	quánqiú	n.	the world	G	1B
231	热度	rèdù	n.	heat	G	2A
232	人机一体化	rén-jī yìtǐhuà	phr.	human-machine integration	S	10A
233	人类	rénlèi	n.	human	G	10A
234	认证	rènzhèng	v.	authenticate	S	3
235	熔断	róngduàn	phr.	fuse	S	2A
236	熔断体	róngduàntǐ	n.	fuse link	S	2A
237	软线	ruǎnxiàn	n.	soft wire	S	1A
238	润滑	rùnhuá	v.	lubricate	S	8B
239	3D 打印	3D dǎyìn	phr.	3D printing	S	10A
240	三脚插头	sānjiǎo chātóu	phr.	three-pin plug	S	4B
241	丧失	sàngshī	v.	lose	G	9A
242	扫描	sǎomiáo	v.	scan	G	7B
243	扫描周期	sǎomiáo zhōuqī	phr.	scanning cycle	S	7B
244	设备状态数据	shèbèi zhuàngtài shùjù	phr.	device status data	S	10
245	升高	shēnggāo	phr.	rise	G	2A
246	生产统计数据	shēngchǎn tǒngjì shùjù	phr.	production statistics	S	10
247	失去	shīqù	v.	lose	G	9A
248	时候	shíhou	n.	(a point in) time	G	2A
249	时序控制	shíxù kòngzhì	phr.	sequential control	S	7
250	使用周期	shǐyòng zhōuqī	phr.	use cycle	S	9A
251	市场	shìchǎng	n.	market	G	1B
252	试验按钮	shìyàn ànniǔ	phr.	testing button	S	3
253	视频	shìpín	n.	video	G	4B
254	视听	shìtīng	n.	audiovisual	G	2B
255	输出	shūchū	v.	output	G	7A
256	输入	shūrù	v.	input	G	7A

（续表）

序号	生词	拼音	词性	词义	普通G 专业S	所属 单元
257	熟悉	shúxī	v.	be familiar with	G	6B
258	数	shù	n.	number	G	1A
259	数据	shùjù	n.	data	S	6B
260	数据返回	shùjù fǎnhuí	phr.	data return	S	10
261	数据分析	shùjù fēnxī	phr.	data analysis	S	10
262	数据分享	shùjù fēnxiǎng	phr.	data sharing	S	10
263	数据提取	shùjù tíqǔ	phr.	data extraction	S	10
264	数值	shùzhí	n.	numerical value	G	6A
265	数字化车间	shùzìhuà chējiān	phr.	digital workshop	S	10B
266	数字万用表	shùzì wànyòngbiǎo	phr.	digital multimeter	S	5A
267	数字运算	shùzì yùnsuàn	phr.	digit arithmetic	S	7A
268	刷新	shuāxīn	v.	refresh	G	7B
269	双层绝缘	shuāngcéng juéyuán	phr.	double insulation	S	4
270	顺序	shùnxù	n.	sequence	G	7A
271	顺序功能流程图	shùnxù gōngnéng liúchéngtú	phr.	sequential function chart	S	7
272	伺服电机驱动	sìfú diànjī qūdòng	phr.	servo motor drive	S	7
273	松动	sōngdòng	v.	become loose	G	8A
274	塑胶	sùjiāo	n.	plastic cement	S	2
275	塑料外壳式	sùliào wàikéshì	phr.	plastic shell type	S	3B
276	随着	suízhe	prep.	(along) with	G	2B
277	损坏	sǔnhuài	v.	damage	G	8B
278	陶瓷	táocí	n.	pottery and porcelain	S	2
279	梯形图	tīxíngtú	n.	ladder diagram	S	7
280	提出	tíchū	v.	put forward	G	9B
281	提示	tíshì	v.	prompt	G	5B
282	条件	tiáojiàn	n.	condition	G	3B
283	调零	tiáo//líng	v.	turn an instrument, control, etc. to zero	S	6A
284	贴片化	tiēpiànhuà	v.	surface mount	S	2B
285	通过	tōngguò	prep.	through	G	4A
286	通信	tōngxìn	n.	communication	G	2B
287	通信接口	tōngxìn jiēkǒu	phr.	communication interface	S	7
288	铜板状	tóngbǎnzhuàng	n.	copperplate-shaped	S	4A

（续表）

序号	生词	拼音	词性	词义	普通G 专业S	所属单元
289	铜导线	tóngdǎoxiàn	n.	copper conducting wire	S	1A
290	铜绿	tónglǜ	n.	verdigris	S	4
291	突出	tūchū	v.	protrude	G	4A
292	推理	tuīlǐ	v.	reason, infer	G	10A
293	万能式	wànnéngshì	n.	universal type	S	3B
294	万用表	wànyòngbiǎo	n.	multimeter	S	5A
295	往	wǎng	prep.	to	G	6B
296	微型贴片	wēixíng tiēpiàn	phr.	mini SMD	S	2B
297	维护	wéihù	v.	maintain	G	8A
298	为了	wèile	prep.	for	G	2B
299	无穷大	wúqióngdà	n.	infinity	S	6
300	物理	wùlǐ	n.	physics	G	4A
301	物流	wùliú	n.	logistics	S	10B
302	物流数据	wùliú shùjù	phr.	logistics data	S	10
303	系列	xìliè	n.	series	G	3B
304	下	xià	n.	being under	G	3B
305	下降	xiàjiàng	v.	decline	G	9A
306	先	xiān	adv.	first	G	6B
307	显示	xiǎnshì	v.	display	G	5A
308	显示方式	xiǎnshì fāngshì	phr.	display mode	G	5A
309	线路	xiànlù	n.	circuit	S	1A
310	相互	xiānghù	adv.	each other	G	1A
311	相接	xiāng jiē	phr.	connect	G	6A
312	向	xiàng	prep.	towards	G	1B
313	项	xiàng	m.	*a measure word for itemized things*	G	6B
314	消除	xiāochú	v.	eliminate	G	8A
315	小家电	xiǎojiādiàn	n.	small household appliance	G	2B
316	小型化	xiǎoxínghuà	v.	miniaturize	S	2B
317	效率	xiàolǜ	n.	efficiency	G	9A
318	新兴	xīnxīng	adj.	emerging	G	1B
319	信号	xìnhào	n.	signal	G	7B
320	型	xíng	n.	type	G	4A
321	性能	xìngnéng	n.	performance	G	9A

（续表）

序号	生词	拼音	词性	词义	普通G 专业S	所属单元
322	修理	xiūlǐ	v.	fix, repair	G	8B
323	旋至	xuánzhì	phr.	turn...to	G	6A
324	选用	xuǎnyòng	v.	select	G	6B
325	循环	xúnhuán	v.	circulate	G	7B
326	迅速	xùnsù	adj.	rapid	G	2B
327	亚洲	Yàzhōu	pn.	Asia	G	1B
328	严重	yánzhòng	adj.	severe	G	3A
329	扬声器	yángshēngqì	n.	loudspeaker	S	6
330	液晶显示屏	yèjīng xiǎnshìpíng	phr.	LCD	S	5B
331	仪表	yíbiǎo	n.	instrument	S	5A
332	已经	yǐjīng	adv.	already	G	2B
333	一起	yìqǐ	adv.	together	G	1A
334	异常	yìcháng	adj.	abnormal	G	2A
335	异常声响	yìcháng shēngxiǎng	phr.	abnormal sound	G	8A
336	音频	yīnpín	n.	audio	G	4B
337	硬线	yìngxiàn	n.	hard wire	S	1A
338	用作	yòngzuò	phr.	be used for	G	1B
339	由……而成	yóu…ér chéng	phr.	be made up of	G	1A
340	由于	yóuyú	conj.	due to	G	8A
341	油泵	yóubèng	n.	oil pump	S	8
342	有效	yǒuxiào	v.	effective	G	9B
343	有效寿命	yǒuxiào shòumìng	phr.	effective lifespan	S	9
344	有些	yǒuxiē	pron.	some	G	5B
345	又	yòu	adv.	also	G	3A
346	于	yú	prep.	(of time/place) in, at	G	2B
347	与	yǔ	conj.	and	G	4A
348	语音	yǔyīn	n.	voice	G	5B
349	语音提示	yǔyīn tíshì	phr.	voice prompt	G	5B
350	浴盆曲线	yùpén qūxiàn	phr.	bathtub curve	S	9
351	原因	yuányīn	n.	reason	G	8A
352	原有	yuányǒu	phr.	original	G	9A
353	运行	yùnxíng	v.	run, operate	G	2A
354	在于	zàiyú	v.	lie in	G	8B

（续表）

序号	生词	拼音	词性	词义	普通 G 专业 S	所属 单元
355	载体	zàitǐ	n.	carrier	G	1A
356	暂时	zànshí	adj.	temporary	G	9A
357	则	zé	conj.	*indicating contrast*	G	8B
358	增长	zēngzhǎng	v.	increase, grow	G	1B
359	闸刀	zhádāo	n.	knife switch	S	3
360	掌握	zhǎngwò	v.	master	G	9B
361	照明电路	zhàomíng diànlù	phr.	lighting circuit	S	3B
362	诊断	zhěnduàn	v.	diagnose	G	9B
363	整流器	zhěngliúqì	n.	rectifier	S	5A
364	整齐	zhěngqí	adj.	neat	G	8B
365	正常	zhèngcháng	adj.	normal	G	3B
366	正确	zhèngquè	adj.	correct	G	2A
367	支	zhī	m.	*a measure word for long, thin, inflexible objects*	G	6A
368	支导线	zhīdǎoxiàn	n.	open traverse	S	1
369	支架	zhījià	n.	holder	S	2
370	只要	zhǐyào	conj.	as long as	G	2A
371	执行标准	zhíxíng biāozhǔn	phr.	executive standard	S	3
372	直接	zhíjiē	adj.	direct	G	5B
373	直流	zhíliú	n.	DC (direct current)	S	5A
374	指令	zhǐlìng	n.	instruction	S	7B
375	指令表	zhǐlìngbiǎo	n.	instruction list	S	7
376	指令步序号	zhǐlìng bùxùhào	phr.	instruction step number	S	7B
377	指示按钮	zhǐshì ànniǔ	phr.	indicator button	S	3
378	指针	zhǐzhēn	n.	pointer	S	5A
379	指针万用表	zhǐzhēn wànyòngbiǎo	phr.	pointer multimeter	S	5A
380	制造生产线	zhìzào shēngchǎnxiàn	phr.	manufacturing line	S	10B
381	智能	zhìnéng	n.	intelligent	S	10A
382	智能化工厂	zhìnénghuà gōngchǎng	phr.	intelligent factory	S	10B
383	置于	zhìyú	phr.	put in, place in	G	6B
384	中断	zhōngduàn	v.	interrupt	G	9A
385	中间齿轮	zhōngjiān chǐlún	phr.	intermediate gear	S	8
386	重心	zhòngxīn	n.	focus	G	1B
387	周期性	zhōuqīxìng	n.	periodic	G	7B

Appendixes

序号	生词	拼音	词性	词义	普通G 专业S	所属单元
388	轴承	zhóuchéng	n.	bearing	S	8
389	专家	zhuānjiā	n.	expert	G	10A
390	转换开关	zhuǎnhuàn kāiguān	phr.	changeover switch	S	5B
391	转移	zhuǎnyí	v.	shift	G	1B
392	装配	zhuāngpèi	v.	assemble	S	10B
393	装置式	zhuāngzhìshì	n.	device type	S	3B
394	状况	zhuàngkuàng	n.	condition	G	8A
395	状态	zhuàngtài	n.	state	G	7B
396	锥孔	zhuīkǒng	n.	taper hole	S	8
397	自动	zìdòng	adv.	automatically	G	3A
398	自动化设备	zìdònghuà shèbèi	phr.	automation equipment	S	10B
399	自动空气开关	zìdòng kōngqì kāiguān	phr.	automatic air switch	S	3B
400	自身	zìshēn	n.	oneself	G	2A
401	走向	zǒuxiàng	phr.	move towards	G	2B
402	阻值	zǔzhí	n.	resistance value	S	6
403	最初	zuìchū	n.	the very beginning	G	2B
404	最大值	zuìdàzhí	n.	maximum value	S	6B
405	作业	zuòyè	v.	operate	S	8B
406	作用	zuòyòng	n.	function	G	2A
407	座	zuò	n.	seat	S	4A

视频脚本　Video Scripts

第一单元　导线

一、热身

A：导线一般是怎么分类的？

B：从材料上区分，有铜导线和铝导线两种。按固定在一起相互绝缘的根数，分为单芯和多芯。单股线称为硬导线，多股的可称为软导线。

A：那接线端子和端子排的区别在哪里？

B：端子，又叫接线端子，是蓄电池与外部导体连接的部件。端子排是承载多个或多组相互绝缘的端子组件并用于固定支持件的绝缘部件。

三、视听说

A：电线、电缆和电磁线的特点是什么？

B：电源软导线由多股铜线组成，其中又以带橡胶护套的 YHR 型最好。电缆屏蔽线是使用金属网状编织层把信号线包裹起来的传输线。电磁线是用以制造电工产品中的线圈或绕组的绝缘电线。扁平电缆，也称作排线，适用于移动式电气设备中。

A：那它们多在什么情况下使用？

B：电源软导线适合做电源线，屏蔽线能够实现静电（或高压）屏蔽、电磁屏蔽和磁屏蔽，电磁线经常用来绕制电感线圈，扁平电缆特别适用于频繁弯曲的场合，不扭结，折叠整齐。

四、学以致用

　　大家好！今天我来和大家聊一聊导线测量的布设形式以及适用的场合。闭合导线是从已知控制点 B 和已知方向 BA 出发，经过 1、2、3 等点，最后又闭合到起始点 B 和 BA 方向上，形成一个闭合多边形。闭合导线适用于块状辖区。附合导线是从已知控制点 B 和已知方向 BA 出发，经过 1、2 等点，最后附合到另一已知点 C 和已知方向 CD 上。附合导线适用于带状测区。支导线是从已知控制点 B 和已知方向 BA 出发，依次测量 1、2 等点，既不闭合到起始点，也不附合到另一已知点。支导线适用于加密控制测量。

第二单元　保险丝

一、热身

A：汽车保险丝主要有哪些配套使用的元件呢？

B：汽车保险丝常用于汽车电路过流保护。配套的接线端子适合大量的导线互联。汽车保险丝盒是用于安装汽车保险丝的盒子。保险丝底座是装有电流保险丝的底座、基座或者外壳。

三、视听说

A：保险丝一般是由哪几部分组成的？

B：它主要由三个部分组成：熔体、电极和支架。

A：那它们各自的作用是什么？

B：熔体是保险丝的核心，熔断时起到切断电流的作用。电极通常有两个，是熔体与电路连接的重要部件。支架的作用就是将熔体固定并使三个部分成为刚性的整体便于安装、使用，它必须有良好的机械强度、绝缘性、耐热性和阻燃性，在使用中不应产生断裂、变形、燃烧及短路等现象。

四、学以致用

　　大家好！今天我来和大家聊一聊保险丝的分类以及适用的场合。保险丝从外形来分有条丝状、片状、玻璃管状、陶瓷管状、汽车保险丝和 SMD 贴片状保险丝。条丝状是早期原始形态的保险丝，直接以螺丝锁定，用于各种尺寸的旧式开关、插座。片状（裸片状）比旧式丝状方便使用。玻璃管状常见于电子产品。陶瓷管状可避免玻璃爆裂。塑胶片状带金属片状接脚多用于汽车保险丝。SMD 贴片状多用于结构紧凑、体积微小的各类电子产品中。

第三单元　空气开关

一、热身

A：您能介绍一下空气开关的外部结构及其上面的符号含义吗？

B：好的，我们依次来看，分别为 3C 认证标志、额定电流、执行标准、操作手柄、紧固螺丝、显眼指示按钮和接线端子。

三、视听说

A：空气开关主要有哪几种类型？

B：主要有 1P 空气开关、2P 空气开关、3P 空气开关和 4P 空气开关。

A：它们的区别是什么？

B：1P 空气开关就是所说的单线，其实是指单相，只能保护一根火线，适用于照明或小功率的 220V 电器。2P 空气开关用于一火一零的接线，一般用于 220V 的电动机。3P 空气开关用于三根火线的接线，也就是 380V 的接线，一般用于 380V 的电器。4P 空气开关用于三火线一零线的接线，通常适用于带零线的 380V 电器，也能做总开关

四、学以致用

　　大家好！今天我来和大家聊一聊保险丝和空气开关的不同。空气开关方便简单，不需断电，反应快，在电流大时可以跳开，可再利用。保险丝需更换，多次使用会接触不良，反应较慢。电流大时只能烧断，是一次性保护装置。

第四单元　插头与插座

一、热身

A：两脚插头和三脚插头有什么区别？

B：三脚插头有接地保护，而两脚插头没有。国际上把家用电器分为三大类：一类电器是指只有一层绝缘措施的电器，这类电器必须加漏电保护器和接地保护（也就是要使用三脚插头），如空调、机床、电机等。二类电器有双层绝缘措施，要加漏电保护器，可以不用接地保护（也就是可以用两脚插头），如电视、电风扇、台灯、电磁炉等。三类电器是使用安全电压的电器，一般为 12 ～ 36V 的电器，如手机、笔记本电脑等。

三、视听说

A：如何正确选择插头与插座？

B：一、必须选择正规工厂、超市或专卖店，选择品牌产品；

　　二、根据使用电器的功率选择相应（匹配）的产品；

　　三、必须看清楚产品标志是否齐全、是否有生产厂商的商标、是否有国家安全认证标记；

　　四、查阅插头产品合格证及法定部门出具的检验合格报告；

　　五、对插头产品进行简单的插合实验，插头插入插座后应接触良好，没有松动的感觉，并且不太用力即可拔出；

　　六、绝对不要选购插销可旋转的插头或人为改变插头的形状，这种改变外形后的插头必须通过 3C 认证，
　　　　不然绝对是不安全的插头产品，容易被高压电击穿。

四、学以致用

　　大家好！今天我来给大家讲讲如何正确使用插头插座。一、避免湿手插拔插头。手上有水去插拔插头，因水是导体，会导致触电事故的发生。二、禁止手捏着电源线拔插头。用力拽电源线，次数多了，会把电源线与插头连接的部位拽断，造成电器无法正常供电。拽断的部位容易发生短路、漏电，引发火灾和触电事故。三、

避免旧插座超期服役。插座使用时间过长，出现异常或老化现象时要及时更换。四、插头常擦拭。电器插头应经常擦拭，否则会在插头两极逐渐积灰尘或产生铜绿，增加插座与插头的接触电阻，使用时产生高温，进而影响插座的使用寿命或烧坏插座，甚至产生火灾。五、切忌改变插头尺寸与形状。六、不要在一个插座上同时使用两个功率较大的电器。

第五单元　万用表的结构

一、热身

A：指针万用表主要有哪些部件？

B：主要有表头（用于指示测量结果）、转换开关、黑表笔插孔、红表笔插孔等。一般习惯上将红表笔插入正插孔，黑表笔插入负插孔。

三、视听说

A：万用表表头上的这些符号代表什么含义？

B：万用表的表头是灵敏电流计。表头上的表盘印有多种符号、刻度线和数值。符号 A-V-Ω 表示这只电表是可以测量电流、电压和电阻的多用表。表盘上印有多条刻度线，其中右端标有"Ω"的是电阻刻度线，其右端为零，左端为∞，刻度值分布是不均匀的。符号"−"或"DC"表示直流，"～"或"AC"表示交流，"～"表示交流和直流共用的刻度线。刻度线下的几行数字是与选择开关的不同挡位相对应的刻度值。

四、学以致用

大家好！今天我来和大家聊一聊数字万用表的主要结构。这是 LCD 显示屏，用于显示测量结果；这是开关；这是量程旋钮，可以选择不同的量程；这是公共端插孔；这是电压、电阻、电容等插孔；这是功能选择按钮。

第六单元　万用表的使用

一、热身

A：万用表主要有哪些作用？

B：主要可以测量电池电压、测量电阻、测量电流，还可以用夹钳式万用表测量导线。

三、视听说

A：怎么用万用表来测试电阻？

B：打开开关，接表笔，选择合适的挡位和量程，开始测量，进行读数，关闭万用表。

四、学以致用

大家好！今天我来和大家聊一聊万用表的各种用处。万用表可以用来检测白炽灯泡、电子镇流器、家用电器电流、家用电器绝缘情况、扬声器、电源插座等。用万用表的电阻挡检测白炽灯泡，可以检测其好坏及额定功率等。检测家用电器的绝缘情况，可以判断其是否漏电，如绝缘情况不良，应及时检修或更换。总之，万用表的功能十分强大。

第七单元　PLC 可编程控制器

一、热身

A：PLC 由哪些部分组成？

B：从外观上看，PLC 由电源接线端子、存储卡插口、输入接线端子、输出接线端子、RS-485 通信接口和以太网接口组成。

三、视听说

A：PLC 有几种编程语言？

B：通常有以下四种：一、梯形图（LAD），其中垂直的线称作母线。二、指令表（STL），类似计算机的编程语言。三、顺序功能流程图（SFC），以功能为主线，按照流程的顺序分配。四、功能块图（FBD），和电路图很相似。

四、学以致用

大家好！我们来学习 PLC 编程的几个基础指令。

LD：取指令，即常开触点和母线相连。

LDI：取反指令，即常闭触点和母线相连。

OUT：驱动线圈的输出指令。

例如上图，有一个常开触点 X0 和母线相连，还有一个驱动线圈 Y0，因此指令应写作：

LD X0

OUT Y0

而下图，和母线相连的是一个常闭触点 X1

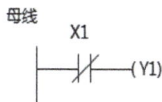

因此指令应写作：

LDI X1

OUT Y1

第八单元　机电设备的维护和保养

一、热身

A：机电设备的维护和保养分为哪几类？

B：分为日常保养、一级保养和二级保养三类。日常保养是指日常对设备进行检查、加油、紧固、6S管理等。一级保养包括拆卸部件、彻底检查和清洗、加固和更换零件、更换冷却液等。一到两个月进行一次一级保养。二级保养要完成一级保养的全部工作，还要维护电气系统，检验和调整设备精度等。每年进行一次二级保养。

三、视听说

A：机床长时间停用前应如何保养？

B：一、清理工作台、夹具。二、清洁主轴锥孔，涂抹防锈油。三、清理铁屑。四、擦拭外部钣金。五、清洗电控箱空调、油冷机过滤网。六、将重要信息备份到电脑或U盘里。七、确认所有电池电压是否正常。八、关机，切断机床外部电源。

四、学以致用

大家好！今天我们来学习机床的润滑。一、丝杠导轨面用油壶浇油润滑。二、密闭箱体内的零件利用齿轮的转动将润滑油飞溅到各处进行润滑。三、进给箱用油绳润滑。四、尾座、中小滑板和轴承处用弹子油杯注油润滑。五、机床交换齿轮架的中间齿轮和溜板箱用黄油杯润滑。六、主轴箱内用油泵循环润滑。

第九单元　机电设备的常见故障与维修

一、热身

A：如何判断机电设备的常见故障？

B：如果设备过热，可能是缺冷却液或冷却泵不工作。如果齿轮、轴承等部位过热，可能是因为缺润滑油。当润滑油中金属颗粒较多时，可能是轴承磨损了。当出现焦煳味时，可能电路短路。

三、视听说

A：机电设备有哪几类常见故障？

B：机电设备的常见故障分为：一、损坏型故障，设备出现断裂、烧坏、变形、异味等；二、退化型故障，设备出现磨损、老化、剥落；三、松脱型故障，设备的部件或螺栓等松动、脱落；四、失调型故障，设备的相关控制系统失调，导致出现压力过高或过低；五、堵塞或渗漏故障，设备出现漏油、漏气、杂物堵塞等。

四、学以致用

大家好！今天我们来学习维修鼠标。鼠标用久了，按键没反应，中间的拨轮也不灵活，可以按以下步骤来维修：一、拆下鼠标背面的螺丝，打开外壳；二、从卡扣上取下内芯；三、取下拨轮，清理积尘；四、用镊子撬开按键，找到轻触开关；五、用高目砂纸轻轻打磨轻触开关的触点；六、将各部分装回，拧上螺丝。

第十单元　智能制造系统

一、热身

A：智能制造系统数据的流转过程主要是大数据循环。

B：是的。循环过程首先是提取数据，通过计算网络分析数据，分享数据到实体和人际网络，最后数据返回到安装仪器仪表的工业机器，再到专有机器数据流进行提取和存储，再提取，再分析，再返回。

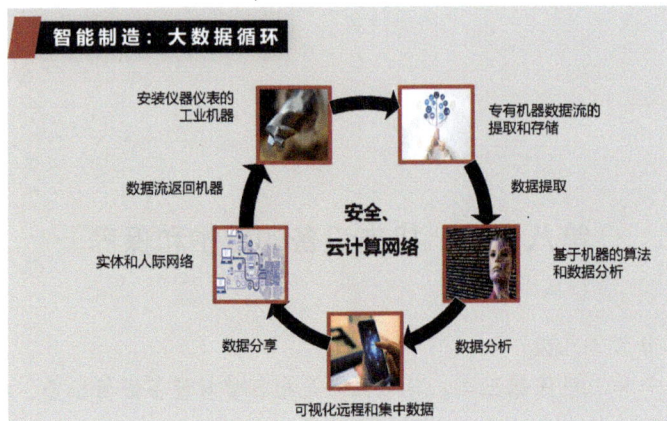

三、视听说

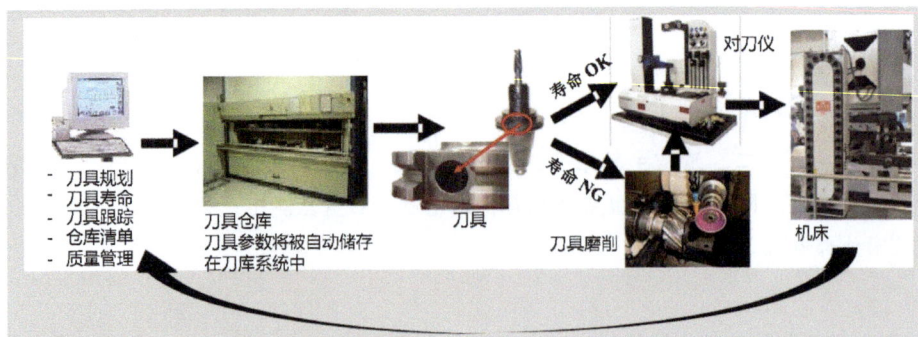

A：师傅，刀具的智能管控流程也是大数据循环吗？

B：是的。刀具仓库里会自动储存刀具的规划、寿命，跟踪刀具的仓库储存和质量问题，比如系统中判断出刀具的寿命合格，就会通过对刀仪将其放入到机床里进行工作。

A：那信息判断刀具不合格的呢？

B：系统将对寿命 NG 的刀具进行磨削，刀具正常后回到对刀仪，再到机床工作。而所有的信息再回到管控中心。

四、学以致用

大家好！今天我来和大家聊一聊智能制造自动生产线上的机器人的工作。智能制造生产线上的机器人可以焊接零件、装配零件、给零件喷漆、把生产好的零件码垛并搬运。

参考答案 **Reference Answers**

第一单元

一、热身

1.①C ②D ③A ④B

2.①C ②D ③B ④A

三、视听说

①B d ②C a ③A b ④D c

四、学以致用

①C a ②B c ③A b

第二单元

一、热身

1.①C ②B ③D ④A

2.①D ②A ③B ④C

三、视听说

①A b ②B c ③C a

四、学以致用

①F c ②C d ③D e ④A a ⑤B f ⑥E b

第三单元

一、热身

1.①B ②C ③D ④A

2.①A ②D ③E ④F ⑤C ⑥B ⑦G

三、视听说

①D a ②B b ③A d ④C c

四、学以致用

①—A D G H

②—B C E F

第四单元

一、热身

1.①B ②D ③A ④C

2.①B、C ②A、D

三、视听说

①√ ②√ ③√ ④× ⑤√ ⑥√

四、学以致用

①√ ②× ③√ ④√ ⑤× ⑥×

第五单元

一、热身

1.①B ②D ③A ④C
2.①B ②C ③D ④A

三、视听说

①—E ②—C ③—A ④—D ⑤—B

四、学以致用

①D ②A ③F ④E ⑤C ⑥B

第六单元

一、热身

1.①D ②C ③A ④B
2.①—D ②—C ③—A ④—B

三、视听说

A → D → C → F → B → E

四、学以致用

①B ②E ③D ④F ⑤A ⑥C

第七单元

一、热身

1.①C ②B ③A ④D
2.①F ②C ③A ④B ⑤D ⑥E

三、视听说

①C ②B ③A ④D

四、学以致用

① LD X2

　　OUT Y2

② LDI X3

　　OUT T0 K19

　　OUT M100

第八单元

一、热身

1.①D ②C ③B ④A
2.①DE ②AF ③BC

三、视听说

B → D → F → A → H → E → C → G

四、学以致用

①D ②C ③F ④A ⑤B ⑥E

第九单元

一、热身

1.①B ②C ③D ④A

2.①D ②C ③B ④A

三、视听说

①BC ②E ③F ④D ⑤A

四、学以致用

D→C→E→F→B→A

第十单元

一、热身

1.①C ②A ③B ④D

2.①C ②A ③D ④B

三、视听说

①B ②A ③D ④C

四、学以致用

工作内容	焊接	装配	打扫	喷漆	码垛	驾驶	搬运
∨／×	∨	∨	×	∨	∨	×	∨